JN087139

個人事業＋

ミニマム法人で

フリーランスの
年金・医療保険が充実！

一般社団法人
社長の年金コンサルタント協会 代表理事
奥野 文夫

【第**2**版】

↑UP
可処分所得
の増加も
実現できる

中央経済社

第2版の刊行について

外部環境の変化に対応した事業再構築への関心が高まっている中，2020年10月に本書の初版を刊行しましたところ，お陰様でご好評をいただきました。

読者の方々からは，次のような感想をいただきました。
・年金・医療保険の観点から法人化を詳しく解説している点が役に立った
・個人事業や法人以外に「個人事業＋ミニマム法人」という選択肢もあることを知り，視野が広がった

初版刊行時から年度が変わり，国民年金・厚生年金保険の年金額が改定され，本文記載の国民健康保険料・健康保険料も改定されました。

2021年2月26日からは，「法人設立ワンストップサービス」に定款認証や設立登記申請も追加されました。

また，政府労災保険の特別加入制度の対象範囲も拡大されました（2021年4月1日から，および，2021年9月1日から）。

さらに，今後次のような改正が施行されることも決まりました。
・健康保険：傷病手当金の支給期間を通算1年6か月限度に（2022年1月1日から）
・厚生年金保険：配偶者加給年金額の支給停止規定の見直し（2022年4月1日から）
・国民健康保険：未就学児にかかる均等割額の軽減（2022年4月1日から）
・後期高齢者医療制度：現役並み所得者を除く一定以上所得者の自己負

4

担割合を 2 割に（2022年10月 1 日から2023年 3 月 1 日までの間におい
て政令で定める日から）

　そこで，第 2 版刊行にあたって年金額・保険料額等を2021年度額に修
正し，上記の改正点や実務上注意が必要な点について追記しました。
　お役に立てば幸いです。

2021年12月 1 日

奥野　文夫

はじめに

「老後の生活費が不安だ……」
「病気やケガで働けなくなったときの備えが足りない！」
「自分が亡くなったら，家族が暮らしていけるか心配だ……」
「売上が上がっても，国民年金保険料や国民健康保険料を支払うとお
　金が残らない……」
「法人化を検討しているが，社会保険料を払っていけるか不安だ
　……」

　個人事業主・フリーランスとして働かれるみなさんは，このような不
安・悩みをお感じになったことがあるかもしれません。

　この本は，個人事業主・フリーランスの方の，年金・医療保険につい
ての不安・悩みを解決するための本です。

● 「個人事業＋ミニマム法人」という選択肢を考えてみませんか
　個人事業の全てを法人化（法人成り）すれば，節税や年金・医療保険
給付の充実につながることは広く知られています。
　しかし，年金・医療保険についての知識を持たずに法人成りをした結
果，高額な社会保険料負担や在職中の年金支給停止など，思わぬ負担
増・給付減が生じてうまくいかない事例もみられます。

　本書では，負担をできるだけ増やさないで，年金・医療保険の給付を
充実させるため，個人事業を残したまま，別事業を法人で小規模に始め
る方法「個人事業＋ミニマム法人」（本書では，代表者（や配偶者・親

族）のみが低額の役員給与を受ける法人のことを「ミニマム法人」と呼ぶこととします）について，詳しく解説します。

　この方法は，一般の方にはあまり知られてはいませんが，それほど売上・所得が多くない人でも活用できる可能性がある方法です。うまく活用すれば，可処分所得（所得から税金や社会保険料などを差し引いた残りの金額）を増やすことにもつながります。1つの選択肢として知っておいていただくことは無駄ではありません。

　本書が年金・医療保険に関するみなさまの不安解消やお悩み解決に少しでもお役に立てば幸いです。

奥野文夫

目　次

第3章　「個人事業＋ミニマム法人」化による
年金・医療保険のメリット

🪙 個人事業主・フリーランスは国民年金・国民健康保険に

第4章　「個人事業＋ミニマム法人」化のデメリット … 181

第5章　法律上の根拠は？「個人事業＋ミニマム法人」化は本当に大丈夫？ ………………… 213

Column

（※１）本書は，2021年12月１日現在の法律等に基づいて記載しています。
　　　将来法律等が改正されたときは，内容が変わることがあります。
　　　保険料額，年金額，税額試算は，すべて2021年12月１日現在のものです。
　　　今後変わる可能性があります。

（※２）法人設立手続きについては，必要に応じ司法書士または行政書士にご相談
　　　ください（登記申請手続きを依頼できるのは司法書士です）。
　　　年金・医療保険の保険料や給付，手続き等については，必要に応じ社会保
　　　険労務士にご相談ください。
　　　法人税・所得税等の税額シミュレーションや税務上の手続きについては，
　　　必要に応じ税理士にご相談ください。

（※３）「ミニマム法人」は，商標登録済みです。

第 **1** 章

不安・悩みは社会保障
（医療保険，年金など）

　個人事業主・フリーランスの方々から，老後資金準備や病気・ケガで仕事ができない間の生活費準備についての不安・悩みの声を聞くことが多くあります。

　また，国民健康保険料や国民年金保険料負担に悩んでいる方も多いかと思います。

　人生 100 年時代。老後資金 2,000 万円不足問題が話題となり，景気の先行きが見えない中でも，社会保障（医療保険・年金など）について正しい知識を身に付けて準備することで，そうした不安や悩みは解決できるようになります。

> 📿 社会保障（医療保険・年金など）が不安・悩みの
> 第2位

　「2015年版小規模企業白書」（中小企業庁編）において，フリーランスが事業を営む上で抱える不安・悩みの第2位として，「社会保障（医療保険・年金等）」が挙げられていました（第1位は「収入の不安定さ」，第3位は「自分の健康や気力の持続」）。

　実際に，個人事業主・フリーランスの方々から，老後資金準備や病気・ケガで仕事ができない間の生活費準備についての不安・悩みの声を聞くことが多く，また，国民健康保険料や国民年金保険料負担に悩んでいる人もいます。

> 📿 人生100年時代。老後資金2,000万円不足問題が話題に

　金融庁が2019年6月に公表した金融審議会「市場ワーキング・グループ」報告書を発端に，「老後資金2,000万円不足」問題が話題となりましたが，この「2,000万円」という数字は，次の前提に基づいたものです。

● 夫65歳・妻60歳で仕事に就いていない夫婦が，それぞれ95歳・90歳になるまで（30年間）存命
● 30年間にわたり，家計収支が毎月5.5万円赤字

　毎月5.5万円赤字で30年生きると，老後の家計収支の赤字合計が約2,000万円（毎月5.5万円×12か月×30年＝1,980万円）になるという試算です。

　毎月5.5万円赤字というのは，総務省の「家計調査」（2017年）の高齢夫婦無職世帯の家計収支の毎月の不足分54,519円に基づいたものです。

　ただ，この年の家計調査における高齢夫婦無職世帯の家計収支では，実収入209,198円のうち約91.7％（191,880円）が社会保障給付となっていました。

　高齢夫婦無職世帯の中には，夫が長年会社員として勤務していたため，夫婦二人分の老齢基礎年金以外に，夫の老齢厚生年金もかなりもらえる夫婦も含まれています。

　ですから，社会保障給付の額が多くなっています。

　夫婦ともに会社員期間（厚生年金保険加入期間）が短いかまったくない場合は，社会保障給付の額がもっと少なくなります。

　例えば，20歳から60歳になるまでの40年間国民年金保険料を払い続けた人が65歳からもらえる老齢基礎年金は，1人あたり約78万円（月額約6.5万円）です。

　したがって，個人事業主・フリーランス世帯では，老後の家計収支の赤字が毎月5.5万円を超えることが見込まれるケースもあるでしょう。

> 🪙　**正しい知識を身に付けて準備することで，不安・悩みを解決できる**

　もちろん，家計収支は各家庭の状況により異なります。

　ですから，年齢，現時点での預貯金額，今後の事業計画，ライフプラ

ン，本人や配偶者が何歳までどのような働き方をするか，年金受給見込額等に応じて，今後の資金準備計画を検討すればよいことです。

● 現状のままでは，どんなときの備えが，どのくらい足りないのか
● 法人化すると，どんなときの備えが，どのくらい増えるのか
● 負担をできるだけ増やさないで，年金・医療保険の給付をできるだけ充実させるには，どうすればよいのか

これらの点について正しい知識を身に付けて準備することで，年金・医療保険についての不安・悩みを解決できるようになります。

🐷　個人事業主・フリーランスとなる人は今後増える

2019年4月，経団連会長が「経済界は終身雇用なんてもう守れない」と発言したことが話題となりました。

現在会社員として働いている方でも，会社が倒産するなどして，雇用保険の失業給付を受けながら求職活動を行うも再就職先が見つからず，個人事業主・フリーランスとして起業することとなるケースも考えられます。

新型コロナウイルス感染症の影響により景気の先行きが見えない中，雇用の維持が困難となる企業や採用を控える企業もあるでしょう。

💰 社員の一部を業務委託契約に転換した企業も

　体重計等の大手メーカーである株式会社タニタが，希望する社員との雇用契約を業務委託契約に転換する社内制度を実施したことも話題になりました。

　「働き方改革」への対応等の理由で，今後同様の制度を導入する企業が増える可能性もあります。

💰 大企業で広がる早期・希望退職者の募集

　また，大企業では早期・希望退職者の募集に踏み出すケースが増えている，とのデータもあります（㈱東京商工リサーチの集計）。

　2019年は業績好調のうちから将来の事業展開を見越して人員構成を見直す「先行型」の募集が多かったものの，2020年は赤字企業の募集が増えたとのことです。2021年の上場企業の早期・希望退職者募集人数は10月31日までに72社，1万4,505人に達したとのことです。実施企業の6割強（44社）が赤字企業である一方で，黒字企業による大規模な実施も散見されるそうです。

　今後も，早期・希望退職者を募集する企業が増えると，40代，50代で個人事業主・フリーランスとして起業を考える人が増える可能性があります。

> 🐷 70歳までの従業員の就業機会確保措置として，継続的
> に業務委託契約を締結する制度も

　65歳未満の定年年齢を定めている企業には，従業員の65歳までの安定した雇用を確保するため，次のいずれかを実施することが義務付けられています。

① 65歳までの定年引上げ
② 65歳までの継続雇用制度の導入
③ 定年廃止

　さらに，65歳以降70歳までの従業員の就業機会確保のための措置を講じることが，2021年4月1日から企業の努力義務となりました。

　ただ，65歳以降70歳までの就業機会確保措置としては，定年引上げ・継続雇用制度の導入・定年廃止以外に，労使で同意した上での創業支援等措置（継続的に業務委託契約を締結する制度，継続的に社会貢献事業に従事できる制度）も認められています。

　人生100年時代を迎え65歳以降も働く意欲のある高齢者が増える中，今後は，65歳以上の個人事業主・フリーランスも増えるかもしれません。

　以上のような雇用状況の変化により，今後年齢層を問わず，個人事業主・フリーランスに転じることとなり，年金・医療保険について悩む人が増える可能性もあります。

　年金・医療保険に関する不安・悩みを解決するために有効な「個人事業＋ミニマム法人」がどういうものか，第2章で確認しましょう。

第 2 章

不安・悩み解決のための選択肢
「個人事業＋ミニマム法人」

　この章では，法人化を検討する契機や，個人事業主・フリーランスの加入する年金・医療保険と，法人代表者・役員の加入する年金・医療保険の違いについてポイントを学びます。

　その後，年金・医療保険に関する不安・悩みを解決するための「個人事業＋ミニマム法人」について解説します。

　具体的な事例や，ミニマム法人を設立したときの年金・医療保険手続きについても触れます。

💰 税務上のメリットを勘案して法人化を検討するケースが多い

　個人事業主・フリーランスが法人化を検討する契機として，多いのは次の2つです。
- 年間所得が一定額以上となったとき
- 年間売上が1,000万円に近づいてきたとき

■ 年間所得が一定額以上となったとき

　個人事業主・フリーランスとして所得が増えると，所得税・住民税等の負担が大きくなります。
　そこで，下記の①よりも②のほうが少額となりそうになったときに，法人化を検討する人が多いでしょう。

① 個人として負担する所得税・住民税等の額
② 法人を設立して法人から役員給与を受けた場合の，所得税・住民税等の額＋法人が負担する法人税等の額

　所得がいくら以上になると①よりも②のほうが少額となるかは，配偶者の有無，配偶者の働き方，役員給与額等によります。
　個別のケースにもよるでしょうが，税理士に相談すると，税金面だけを考えれば，年間所得がおおよそ600万円程度以上となってから法人化を検討し始めるようにアドバイスされることが多いのではないでしょうか。
　また，法人設立費用がかかること，法人の帳簿記帳業務が増えたり，法人の決算書作成・申告等を税理士に依頼する場合の税理士費用など毎

年かかる費用があること，翌年以降の所得が下がる可能性もあることなども勘案して，年間所得が毎年コンスタントに800〜900万円程度以上となってから法人成りすることをアドバイスされるかもしれません。

【図表1】（参考）個人の所得税率・所得税の速算表

課税総所得金額	所得税率	控除額
195万円以下	5%	0円
195万円超330万円以下	10%	97,500円
330万円超695万円以下	20%	427,500円
695万円超900万円以下	23%	636,000円
900万円超1,800万円以下	33%	1,536,000円
1,800万超4,000万円以下	40%	2,796,000円
4,000万円超	45%	4,796,000円

（注1）例えば課税総所得金額が1,000万円の人の所得税額は，10,000,000円×33％
　　　－1,536,000円＝1,764,000円となります。
（注2）2037年までは，所得税額×2.1％の復興特別所得税もかかります。
（注3）そのほか，個人住民税や個人事業税もかかります。

【図表2】（参考）資本金1億円以下の普通法人の法人税率

課税所得金額	法人税率
年800万円以下の部分	軽減税率15%
年800万円超の部分	23.2%

（注1）年800万円以下の部分の軽減税率は，2023年3月31日までの間に開始する
　　　事業年度まで適用。法人税法上は19％。
（注2）法人税額×10.3％の地方法人税もかかります。
（注3）そのほか，法人住民税や法人事業税，特別法人事業税もかかります。

■ 年間売上が1,000万円に近づいてきたとき

　法人化を検討する契機としては，所得が一定額以上となった場合以外

に，個人事業の年間課税売上高が1,000万円に近づいてきた場合もあります。

　個人事業の年間課税売上高が1,000万円を超えると，翌々年は消費税の課税事業者となりますので，消費税を納める義務が生じます。

　ところが，法人成りすると，法人の事業年度の課税売上高が1,000万円を超えても，法人設立後2事業年度は，前々事業年度がないため，原則として消費税の免税事業者となり，消費税の納税義務は生じません。

　（注）法人を設立して2期以内であっても，次の場合は消費税の課税事業者となります。
　　・前期の上半期の課税売上高および給与等支払額が1,000万円を超えた場合
　　・資本金1,000万円以上の場合
　　・課税事業者を選択した場合　　など

　このような消費税についてのメリットを勘案して，年間課税売上高が1,000万円に近づいてきた段階で法人化を検討し始めるケースもあります。

　（注）2023年10月1日から，消費税の仕入税額控除の方式として適格請求書等保存方式（いわゆるインボイス制度）が導入されます（国税庁ホームページ「特集インボイス制度」 https://www.nta.go.jp/taxes/shiraberu/zeimokubetsu/shohi/keigenzeiritsu/invoice.htm）。これにより，税務署長に申請して登録を受けた課税事業者である「適格請求書発行事業者」が交付する適格請求書（インボイス）等の保存が仕入れ税額控除の要件となります（経過措置あり）。

　企業向けビジネスを行っている場合は，取引先からインボイスの交付を要求されることが想定されるため，適格請求書発行事業者となることを選択する個人事業主・フリーランスが多くなると思われます。

　2023年10月1日から適格請求書発行事業者として登録されるためには，2021年10月1日から2023年3月31日までの間に登録申請手続きを行う必要があります。

　インボイス制度導入まで2年を切りましたので，最長2年間の消費税の節税メリットを勘案して法人化を検討する事例は減ると思われます。

　以上の2つは，どちらも税務上のメリットを勘案して法人化を検討する，というものです。

💰　信用力アップのために法人化するケースもある

　そのほかの観点から法人化を検討する場合もあります。

　例えば，顧客や取引先に対する信用力が上がることを期待して法人化するケースです。

　1990年の旧商法改正以降，株式会社を設立するには資本金1,000万円以上，有限会社は資本金300万円以上が必要でしたが，旧商法・旧有限会社法を統合して2006年5月1日に施行された会社法では，最低資本金制度は廃止されました。ですから，法人だからといっても一定額以上の預貯金等資産を有するとは限りません。

　しかし，法人であれば，商業登記簿（登記事項証明書）で，商号，本店所在地，会社の設立年月日，目的，資本金の額，役員氏名，代表者の氏名・住所などの情報を確認することができます。また，法人と交わした契約は，法人の代表者が変わったとしてもそのまま有効です。

　そういう意味では，個人事業主・フリーランスより法人のほうが信用面で有利と考えて法人化するケースもあるでしょう。

　このほか，親会社や取引先からの要請により法人化するケースもあります。大企業から独立して元の勤務先や取引先との取引を行う場合などにおいては，最初から法人化して起業するケースも多いです。

> ⏳ 年金・医療保険の給付を充実させたいために法人化を
> 検討するケースはレア

　それでは，年金・医療保険の給付を充実させるために法人化を検討する人はいるのでしょうか。

　個人事業主・フリーランスなら，年金は国民年金に加入し，医療保険は国民健康保険に加入します。

　法人の代表者・役員なら，年金は厚生年金保険に加入し，医療保険は健康保険に加入します。

	年　　金	医療保険
個人事業主・フリーランス	国民年金	国民健康保険
法人代表者・役員	厚生年金保険	健康保険

　年金・医療保険とも個人事業主・フリーランスが加入する制度よりも法人代表者・役員が加入する制度のほうが給付内容は手厚いです。

　しかし，一般的に，年金・医療保険の給付を充実させたいために法人化を検討するケースは多くないようです。

　個人の所得額や法人化後の役員給与額などにもよりますが，個人事業の全部を法人化（法人成り）する場合，法人化する前の国民年金保険料・国民健康保険料よりも，法人化してからの厚生年金保険料・健康保険料のほうが高くなるケースが多いという事情から，年金・医療保険の保障内容を充実させるために法人化を検討するケースは少ないのかもしれません。

💰　社会保険料負担を考慮しない法人設立シミュレーションは意味がない

　なお，法人化して代表者や役員が法人から役員給与を受けながら，法人では厚生年金保険・健康保険に加入せずに，個人で国民年金・国民健康保険に加入し続ける事例も，中にはみられます。

　一人法人や代表者・配偶者・親族のみで事業を行っている場合などでは，このような事例が以前は多かったです。

　市販書籍などにおいても，法人から役員給与を受けながら国民年金・国民健康保険に加入し続けることを前提としたシミュレーションに基づいて，法人成りの損得を解説しているものも従来はよくみられました。

　しかし，法人から役員給与を受けている人が代表者 1 人しかいない一人法人であっても，厚生年金保険・健康保険の加入手続きを行わないのは従来から違法です。

　2015年度からは，日本年金機構が国税庁の保有する源泉徴収義務者データを用いて，厚生年金保険・健康保険への加入指導等を積極的に行ってきました。2020年度からの 4 年間で，未適用事業所のさらなる解消に向けて集中的に加入指導等を行う方針が公表されています。

　違法に厚生年金保険・健康保険加入を逃れている法人代表者から，加入を逃れ続ける方法はないかと聞かれることも多いです。

　しかし，日本国内の法人の代表者が法人から役員給与を受けているのに，厚生年金保険・健康保険加入を逃れる方法はありません。

　どうしても加入したくない場合は，次のいずれかとする必要があります。

- 法人から受ける給与を 0 円とする
- 法人を解散して個人事業に戻す（「個人成り」）

　どちらの対策も採りたくない場合は，厚生年金保険・健康保険への加入手続きを行う必要があります（厚生年金保険料がかかるのは70歳未満の人のみ，健康保険料がかかるのは75歳未満の人のみです）。

　現在では，厚生年金保険料・健康保険料負担額を考慮しない法人化シミュレーションは意味をなしません。そのようなシミュレーションに基づいて法人化すると，思わぬ負担に悩むことになりかねませんので，ご注意ください。

> 厚生年金保険・健康保険の強制適用事業所を押さえておこう（詳細については，巻末資料も参照）

　ここで，厚生年金保険・健康保険の加入手続きを法律上必ず行うべき事業所（「強制適用事業所」といいます）とはどういう事業所なのかをもう少し詳しく確認しておきましょう。

　まず，法人事業所は，業種や人数によらず，厚生年金保険・健康保険の強制適用事業所です。

　一方，個人経営の事業所は，少し複雑です。
　個人経営の事業所で，常時 5 人以上の従業員を使用し，次ページの16業種（「法定16業種」）のいずれかに該当する事業所は，強制適用事業所です。

【従業員数常時５人以上なら厚生年金保険・健康保険の強制適用事業所となる法定16業種】

① 物の製造，加工，選別，包装，修理又は解体の事業
② 土木，建築その他工作物の建設，改造，保存，修理，変更，破壊，解体又はその準備の事業
③ 鉱物の採掘又は採取の事業
④ 電気又は動力の発生，伝導又は供給の事業
⑤ 貨物又は旅客の運送の事業
⑥ 貨物積みおろしの事業
⑦ 焼却，清掃又はと殺の事業
⑧ 物の販売又は配給の事業
⑨ 金融又は保険の事業
⑩ 物の保管又は賃貸の事業
⑪ 媒介周旋の事業
⑫ 集金，案内又は広告の事業
⑬ 教育，研究又は調査の事業
⑭ 疾病の治療，助産その他医療の事業
⑮ 通信又は報道の事業
⑯ 社会福祉法に定める社会福祉事業及び更生保護事業法に定める更生保護事業

　個人経営の事業所で，常時５人以上の従業員を使用するものの，法定16業種のいずれにも該当しない事業所は，厚生年金保険・健康保険は任意適用です。
　具体的には，以下のような業種の事業所です。
・　第一次産業（農林水産業等）
・　接客娯楽業（旅館，飲食店等）
・　法務業（弁護士，税理士等）(注)

26

- 　宗教業（寺院，神社等）
- 　サービス業（飲食店，理美容店等）

（注）個人経営で常時5人以上の従業員を使用する下記の士業事務所については，2022年10月から厚生年金保険・健康保険の強制適用事業所となります。
・弁護士，公認会計士，公証人，司法書士，土地家屋調査士，行政書士，海事代理士，税理士，社会保険労務士，沖縄弁護士，外国法事務弁護士，弁理士

　個人経営の事業所で，従業員5人未満の事業所は，業種によらず厚生年金保険・健康保険は任意適用です。

　なお，任意適用の事業所も，被保険者となるべき従業員の2分の1以上の同意を得て厚生労働大臣の認可を受ければ，従業員を厚生年金保険・健康保険に加入させることができます（任意包括適用事業所）。

💰 個人事業の代表者本人は，厚生年金保険・健康保険に入れない

　個人事業の場合，強制適用事業所であっても，厚生労働大臣の認可を受けた任意包括適用事業所であっても，厚生年金保険・健康保険に加入できるのは従業員だけです。

個人事業の代表者本人は，厚生年金保険・健康保険に加入できません。

　個人事業の代表者は，年金については，20歳以上60歳未満であれば国民年金に加入します（60歳以上65歳未満で一定の要件を満たす人や，65歳以上最高70歳未満で一定の要件を満たす人が国民年金に任意加入できる制度もあります）。

　医療保険については，75歳未満であれば国民健康保険に加入し，75歳

以上であれば高期高齢者医療制度に加入するのが原則です。

💰　「個人事業＋法人」という選択肢を考えよう

　一般に，個人事業主・フリーランスが法人化を考える場合，
1．**個人事業の全部を法人化**（個人事業→「法人」）することを検討する人が多いです（この場合，個人事業は廃業することとなります）。

　しかし，そのほか
2．**個人事業の一部のみを法人化**し，残りの事業は引き続き個人事業で行う（個人事業→「個人事業＋法人」）という選択肢もあり得ます。

　2．の選択肢は，個人事業として複数の事業を行っている場合に使えるものです。
　例えば，学習塾と小売店を個人事業で経営している経営者が，小売店事業のみを法人化し，学習塾事業は引き続き個人事業として行うようなケースです。
　複数の事業の組み合わせは様々な事例が考えられます。
　学習塾と小売店，飲食店と研修事業などのようにまったく異なる業種の事業を複数行っているのであれば，業種ごとに個人事業・法人に分けることが可能です。

　まったく異なる業種ではなくても，各事業ごとに損益管理を行なうことで今後重点を置くべき事業を見極めたい，各事業ごとに分けるほうが経理管理がしやすい等，事業ごとに個人事業・法人に分けるべき正当な

目的・経済的合理性があるのであれば，「個人事業＋法人」形態を活用できるケースもあります。

　ただし，税負担を不当に減少させる結果となると，税務署の調査の際に否認される可能性がありますので，そのようなことにならないよう十分注意しましょう。

　なお，現在は個人事業で1つの事業しか行っていない人であっても，今後，
① 　個人事業とは別事業で新たに法人を設立する
　　あるいは，
② 　新たに別事業を個人事業で開始した後に，複数の個人事業のうちいずれかの事業のみを行う法人を設立する
ことで，結果として「個人事業＋法人」形態を採れるようになります。

> 💰 「個人事業＋法人」でも，代表者・役員は法人で
> 　　厚生年金保険・健康保険に加入

　個人事業の全部を法人化して法人から法人代表者・役員として役員給与を受ける場合，年金は法人で厚生年金保険に加入することとなります（70歳未満の場合）。医療保険は法人で健康保険に加入することとなります（75歳未満の場合）。
　個人で国民年金・国民健康保険に加入し続ける必要はありません。

　「個人事業＋法人」形態で複数事業を行い，法人から法人代表者・役員として役員給与を受ける場合もまったく同じです。

年金は法人で厚生年金保険に加入します（70歳未満の場合）。

医療保険は法人で健康保険に加入します（75歳未満の場合）。

この場合も，個人で国民年金・国民健康保険に加入し続ける必要はありません。

「個人事業＋法人」で，しかも，法人事業を代表者（や配偶者・親族のみ）で小規模にスタートする「個人事業＋ミニマム法人」という形態を採れば，厚生年金保険料・健康保険料もそれほど高くなりませんので，低コストで年金・医療保険の保障を充実させることができるようになります。

> 🐖　「個人事業＋ミニマム法人」は，専門家の間では古くから活用されている

実は，「個人事業＋ミニマム法人」という事業形態は，年金・社会保険の専門家（社会保険労務士）や税金の専門家（税理士）の業界では，古くから活用されています。

【事例】
- 社会保険労務士事務所（個人事業）の事業主が，人事コンサルティング事業等を営む法人の代表者も兼ねている。
- 税理士事務所（個人事業）の事業主が，財務コンサルティング事業等を営む法人の代表者も兼ねている。

士業の資格は基本的に国家資格に合格した個人に与えられるものです。国家資格を取得して登録を受けた士業でないと行えない独占業務も法

律（社会保険労務士法，税理士法，弁護士法等）で明確に定められていますので，それ以外の業務との区分が明らかです。

　したがって，次のように独占業務と関連事業に分けて，国家資格を取得し登録を受けた人が，前者を代表者として個人事業で行い，後者を法人で行う（自身は法人の代表者）ことも容易です。

- 社会保険労務士でしかできない独占業務を行う事業と，独占業務ではない別事業に分ける。
- 税理士でしかできない独占業務を行う事業と，独占業務ではない別事業に分ける。

　なお，現在では，士業者が社員となって法人（社会保険労務士法人，税理士法人，弁護士法人等）を設立することもできるようになっていますが，これらの法人が行える業務の範囲は法律で規定されています。
　ですから，士業法人では行えない事業を営む法人を設立する場合は，株式会社，合同会社等一般的な法人を設立することとなります。

👛 「個人事業＋ミニマム法人」は，士業以外にも，様々な業種の事業で使える

　このように複数の事業を明確に区分できることから，士業に事例が多い「個人事業＋ミニマム法人」形態ですが，士業に限ってのみ認められることではありません。
　前述の「学習塾と小売店」や「飲食店と研修事業」のような事例のほかにも，「個人事業＋ミニマム法人」の組み合わせはいくらでもあり得

ます。

　現在は単一の事業のみを行っている個人事業主・フリーランスが新た
に別事業を行う事例も，次のようにいろいろなケースが考えられます。

【事例】
- 個人事業の保険代理店代表者が，保険代理店事業とは別に，営業・
後継者育成・事業承継・Ｍ＆Ａ・相続などの分野のコンサルティ
ング事業，企業研修・セミナー事業，営業代行事業等を行う
  - **➡現在の本業が何であるかによらず，本業のお客様の悩み事・困
りごと解決に役立つ別事業はたくさん考えられるでしょう**

- フリーライターがライター志望者等への各種コンサルティグやセ
ミナーを行う
  - **➡現在の本業が何であるかによらず，本業で得た知識・情報・経
験・ノウハウを必要としている人に提供したり，アドバイスし
たり，教えることも可能でしょう**

- 卸売業・小売業・飲食業・製造業・理美容業等何らかの事業を行
なっている個人事業主が，その事業とは別に，同業者向け等のコ
ンサルティング事業（例えば，インターネット集客，採用，人材
育成・教育業等），セミナー事業（講師，企画・設営支援），業界・
業種の地位向上のための啓蒙事業，WEB 代行業（HP 作成・更新，
PPC 広告設定運用代行，YouTube 動画作成・編集代行等），集客
代行業（DM，ホームページ，SNS，メルマガライティング代行等），
販促物企画（チラシ，展示会等），営業代行，各種機器レンタル業
等を行う。
  - **➡現在の本業が何であるかによらず，業務関連の得意分野を活か
して，同業他社のビジネスを支援することもできるでしょう**

> ● 本業とは別に，SNS の運用講座，楽器演奏講座など得意分野のオンライン講座等を行う。
> ➡現在の本業とまったく関係がない趣味のようなことでも，お金を払ってでも教えてほしい人がいることがわかっているのであれば，ビジネスとして成り立つでしょう

　ミニマム法人は，いきなり設立しなくても，まずは別事業を個人で行ってみて，需要があることや売上・利益が上がることを確認できてから設立してもよいのです。

> 🐷　ミニマム法人を設立したときの年金・医療保険手続きは？

　個人事業を残したままミニマム法人を設立した際の年金・医療保険関係の手続きは，個人事業の全てを廃業して個人事業の全部を法人化した際の手続きと基本的に同様です。具体的には次のとおりです。

1　厚生年金保険・健康保険に加入する手続きを行う

　法人事業所が厚生年金保険・健康保険に加入するための届出（「新規適用届」）および法人代表者等が被保険者となるための届出（「被保険者資格取得届」）が必要になります。

　配偶者や子など健康保険の被扶養者になる人がいる場合は「健康保険被扶養者届」（国民年金の第３号被保険者となる20歳以上60歳未満の被扶養配偶者がいる場合は「国民年金第３号被保険者関係届」兼用）が必要です。

　全国健康保険協会（協会けんぽ）の健康保険に加入する場合，これら

の届書は日本年金機構（事業所の所在地を管轄する年金事務所または郵送で事務センター）に提出します（電子申請も利用できます）。

　詳しくは日本年金機構ホームページ（https://www.nenkin.go.jp/）を確認するか，事業所の所在地を管轄する年金事務所（https://www.nenkin.go.jp/section/soudan/）にご照会ください。

　　（※）本書では，全ての法人が加入できる全国健康保険協会（協会けんぽ）の健康保険に加入するケースで説明します。
　　　ほかにも，業種ごとなどで設立されている健康保険組合が運営する健康保険もあります（例：関東 IT ソフトウェア健康保険組合，東京都情報サービス産業健康保険組合，出版健康保険組合など）。
　　　保険料や給付の面などで全国健康保険協会（協会けんぽ）よりも有利な健康保険組合もあります。
　　　健康保険組合への加入手続きや保険料・給付などについては，各健康保険組合のホームページを確認するか，各健康保険組合に直接ご照会ください。

2　国民健康保険をやめる手続きを行う

　法人で健康保険に加入した人（被保険者およびその被扶養者）は，国民健康保険の被保険者資格を喪失します。

　市町村・都道府県が運営している国民健康保険に加入している場合であれば，世帯主が市町村に国民健康保険の被保険者資格喪失手続きを行う必要があります。

　国民健康保険の資格喪失届の提出が遅れてしまうと，健康保険料と国民健康保険料を二重に支払ってしまうこともあります。また，健康保険に加入しながら国民健康保険の保険証を使ってしまった場合は，国民健康保険が負担した医療費を全額返す必要があります。

　健康保険に加入したら，国民健康保険の被保険者資格喪失手続きを忘れないようにしましょう。

　詳しくは市町村のホームページを確認するか，市町村の国民健康保険担当課にご照会ください（国民健康保険組合に加入している人の資格喪

失手続きについては，市町村ではなく，国民健康保険組合にご確認ください）。

3　国民年金については手続き不要

　法人で厚生年金保険に加入した人は，国民年金の第2号被保険者となります（原則として65歳まで）。

　国民年金の第2号被保険者となった人の被扶養配偶者（原則として年間収入130万円未満等の要件を満たして健康保険の被扶養者となった配偶者）で20歳以上60歳未満の人は，国民年金の第3号被保険となります。

　どちらの人も，国民年金の被保険者資格を喪失するわけではありません。

　20歳以上60歳未満で国民年金の第1号被保険者であった人が，国民年金の第2号被保険者や第3号被保険者へと，国民年金の被保険者種別を変更されるべき場合，法人で被保険者資格取得届や被扶養者届・国民年金第3号被保険者関係届を提出することにより，自動的に国民年金の種別は変更されます。

　市町村に対して手続きを行う必要はありません。

　国民年金保険料をまとめて前納しているため払い過ぎがある場合は，後で返還の案内が届きます。

　（※）ミニマム法人では従業員を雇用しないことを想定していますが，もし雇用している場合は，労働保険（労災保険・雇用保険）の手続きも必要となります。詳しくは，事業所を管轄する労働基準監督署や公共職業安定所（ハローワーク）にご照会ください。

【比較】

　税金関係の手続きについては，全ての個人事業を廃止して法人化する場合と，一部の事業が個人事業で残る場合とでは，次のとおり，異なります。

①　全ての個人事業を廃止して法人化する場合	個人事業の廃業等届出書，所得税の青色申告の取りやめ届出書，消費税の事業廃止届出書を提出する必要があります。
②　一部の事業が個人事業で残る場合	個人事業の廃業等届出書の提出は不要です。所得税の青色申告の取りやめ届出書は，引き続き個人事業で青色申告を行う場合は提出不要です。消費税の事業廃止届出書は，個人事業で課税売上があれば提出不要です。個人事業で給与の支払いがなくなる場合は，給与支払事務所等の廃止届出書を提出します。

🐷　１つの事業のみ行っている人も，別に得意分野を活かせないか考えてみましょう

　現在個人で１つの事業のみを行っている人も，本業とは別に何か得意分野を活かして新たに行ってみたい事業はないでしょうか。

　もしあれば，本業を個人事業として残したまま，別の得意分野でミニマム法人を設立して小規模に別事業を始める，という選択肢もあり得ます。

大げさに考える必要はありません。極端な話，例えば次のような事例でも構わないのです。

個人で建設関係のコンサルティング業を営んでいる人が，本業（個人事業）とは別に，広告業（例えば，グーグルアドセンス，Amazon アソシエイト，楽天アフィリエイト等のしくみを活用したアフィリエイト事業など）を営む法人を設立し法人代表者になる。

フリーランスのカメラマンが，本業（個人事業）とは別に，小売業（例えば，ネット通販事業など）を営む法人を設立し法人代表者となる。

サラリーマンが会社で行っている仕事とは別に，週末や夜間など空いた時間を活用して副業を行っている事例はよくありますが，個人事業主・フリーランスの方も本業とは別の事業も行ってみたいと考えることはあるでしょう。

インターネットの普及や AI の進展などビジネスを取り巻く環境の変化により，1 つの事業で長年継続して利益を上げることが難しくなってきているといわれています。

個人事業主・フリーランスが40代〜50代以降になると，体力の衰えや業務を発注する側の担当者とのミスマッチ等により，本業の伸びが衰え気味となるケースもあるようです。

「複業」，「パラレルワーク」として「第二起業」にチャレンジし，ご自身の新たな可能性を開いてみたいと検討されている方もいらっしゃるかもしれません。

また，2020年前半からの新型コロナウイルス感染症の影響により，本業の業績が低迷している方もいらっしゃるかもしれません。

　想定外の環境変化によって本業で利益を上げることができないような状況になったときのことも想定して，危機管理対策として本業とは別の事業展開を検討しておくことの必要性を実感した方もいらっしゃるでしょう。

　「個人事業＋ミニマム法人」の選択肢を今すぐには具体的にイメージできなくても，そのような選択肢もあり得るということは，知っておいて損にはならないでしょう。

> 💰　後継者がいない会社から事業の一部や全部を購入する選択肢もある

　最近は経営者の高齢化が社会問題化しています。後継者不在，経営者の健康問題等が原因で営業継続を断念する事例も増えています。

　2025年には70歳（平均引退年齢）を超える中小企業・小規模事業者の経営者は約245万人となり，うち約半数の127万（日本企業全体の3分の1）が後継者未定，とのデータもあります（「事業承継・創業政策について」2019年2月5日 中小企業庁）。

　今後，事業の売却（M＆A）や法人解散・廃業を検討する中小企業・小規模企業経営者がさらに増えていく可能性があります。

　ですから，別事業を行う法人を一から新たに立ち上げる以外に，場合によっては，個人的なつながりを通じて，または，仲介業者等を通じて，既にある会社や事業の一部を購入するという選択肢もあり得ます。

　「既にある会社や事業の購入」というと大掛かりに感じられて，自分には関係がない話だと思われるかもしれません。

　しかし，最近は小規模事業のM&A仲介業者やマッチングサイトもあります。

　さらにいえば，必ずしも実店舗を持って営業している会社・事業の購入でなくてもよいのです。

　利益の出ているホームページ（アフィリエイトサイトや通販サイト）を新たに設立する法人で購入することで，未経験の別業種の事業を法人で新たに短期間に立ち上げるようなケースもあります。

　先入観にとらわれずに，いろいろな可能性をイメージしてみてはいかがでしょうか。

> 🪙　親族・友人が代表者となっている法人の役員になっても厚生年金保険，健康保険に加入できる

　そのほか，次のような場合でも，法人で厚生年金保険・健康保険に加入し，個人では国民年金・国民健康保険に加入しないこととなります。

> ・個人事業を行いながら，親族や友人が代表者となっている法人の役員や従業員として，厚生年金保険・健康保険に加入できる要件を満たす働き方をする。

　詳しくは第5章（225ページ）で解説しますが，従業員が厚生年金保険・健康保険の被保険者となれる要件よりも，法人代表者・役員が厚生年金保険・健康保険の被保険者となれる要件のほうがゆるいです。

　したがって，個人事業を行いながら親族や友人が代表者となっている法人で厚生年金保険・健康保険に加入したいのであれば，従業員としてではなく，役員として加入するほうが簡単です。

> 💰 **複数の個人事業主・フリーランスで法人を設立する こともできる**

　また，場合によっては，複数の個人事業主・フリーランスが，それぞれ本業とは別に，1つの法人の代表者や役員となり，法人では各人の本業とは異なる事業を行うということもあり得ます。

　例えば，フリーのライター，カメラマン，デザイナー等が本業とは別に，コンサルティング業を営む法人を設立し，法人代表者や法人役員になる，などが考えられます。

　ただし，複数の個人事業主・フリーランスで法人を設立する場合は，事業に対する基本的な理念・考え方が合致した少人数のみで始めるのがよいでしょう（事業内容などによっては，株式会社や合同会社ではなく，一般社団法人の設立が適しているケースもあります）。

　個人事業主・フリーランスとして働いている方のなかには，もともと会社勤めが肌に合わずに個人で働いている方もいらっしゃるでしょう。そのような方が複数集まって法人を設立しても，各人の理念や方向性に違いがあると，経営方針がまとまらずにトラブルが生じる可能性もあります。

　まずは，自分だけで法人を設立することを目指すほうがよいケースが多いでしょう。

　「個人事業＋ミニマム法人」の選択肢を考える場合は，最初から多くの人を巻き込んで法人を立ち上げるのではなく，まずは，ご自身の裁量の範囲内で小さく始めることをおすすめします。

第 3 章

「個人事業＋ミニマム法人」化による
年金・医療保険のメリット

この章では，「個人事業＋ミニマム法人」化により，年金・医療保険の保険料や給付について，どのようなメリットが生じるかをみていきます。

①個人事業のみ，②法人のみ，③「個人事業＋ミニマム法人」のいずれの形で事業を行うかによって，年金・医療保険の保険料や給付がどのように変わるのかを詳しく検証します。

退職金・老後資金積立制度や事業承継との関係についても触れます。

> 👛 個人事業主・フリーランスは国民年金・国民健康保険
> に加入し，法人代表者・役員は厚生年金保険・健康保
> 険に加入する

　日本国内に住所を有する**個人事業主・フリーランスは**，年金は**国民年**
金に加入し，医療保険は国民健康保険に加入することとなっています。

　国民年金には20歳以上60歳未満の間加入し，国民健康保険には原則75
歳になるまで加入します。

　一方，**法人の代表者・役員は**，年金は**厚生年金保険に加入し，医療保**
険は健康保険に加入します。

　厚生年金保険には原則70歳になるまで加入でき，健康保険には原則75
歳になるまで加入できます。

【図表3】年金・医療保険の体系

	年　　金	医療保険
個人事業主・フリーランス	国民年金	国民健康保険
法人代表者・役員	厚生年金保険	健康保険

（注）例外的に，国民健康保険組合に加入している個人事業所が法人成りした場合
　　など，国民健康保険組合加入のまま厚生年金保険に加入できるケースもあり
　　ますが，本書では原則的な厚生年金保険・健康保険加入の場合について解説し
　　ます。

　なお，加入している医療保険が国民健康保険であっても健康保険で
あっても，40歳以上65歳未満の人は介護保険の第2号被保険者として，
65歳以上の人は介護保険の第1号被保険者として，市町村が運営する介

護保険にも加入します。

　また，加入している医療保険が国民健康保険であっても健康保険であっても，原則として75歳からは都道府県単位の広域連合が運営する後期高齢者医療制度に加入することとなります。

　この章では，次の①〜③のケースでまず，「1　年金・医療保険の保険料が，どのように変わるのか」をみていきましょう。

① 　個人事業のみ：個人事業主・フリーランスとして国民年金・国民健康保険に加入する場合
② 　法人のみ：個人事業の全部を法人化して厚生年金保険・健康保険に加入する場合
③ 　個人事業＋ミニマム法人：個人事業の一部を法人化して，ミニマム法人で厚生年金保険・健康保険に加入する場合

　なお，72ページからは同じく①〜③のケースで「2　年金・医療保険の給付がどのように変わるのか」をみていきます。

1　年金・医療保険の保険料が3つのケースでどのように変わるのか

① 　個人事業のみ：個人事業主・フリーランスとして国民年金・国民健康保険に加入する場合

　都道府県の区域内に住所を有する75歳未満の人は，法人会社等に勤務して健康保険に加入している人，公務員の共済組合に加入している人，私立学校教職員共済制度に加入している人などの例外を除いて，都道府県がその都道府県内の市町村（特別区を含みます。以下同様）とともに運営する国民健康保険に加入することとなっています。

国民健康保険に「被扶養者制度」はない

　個人事業主・フリーランスが加入する国民健康保険には「被扶養者」という制度がありません。

　したがって，会社勤めをして健康保険に加入している人や公務員として共済組合に加入している人などを除いた世帯全員が国民健康保険の「被保険者」となります。

　国民健康保険料は世帯ごとに計算され，世帯主は世帯分の国民健康保険料を納付する義務があります。

国民健康保険料の算定方法

　国民健康保険料は，住んでいる市町村，世帯の所得，世帯人数などによって変わります。

　例えば，東京都のある区に住んでいる世帯であれば，医療分の保険料，後期高齢者医療制度への支援金分としての保険料，介護保険料分のそれぞれについて，次の2つを計算して合算したものの合計額が年間の国民健康保険料となります。

所得割	世帯の中で国民健康保険に加入する人全員の年間所得金額をもとに計算（介護保険料分は，40歳以上65歳未満の加入者の所得をもとに計算） （注）所得割算定のもとになる所得 　　＝前年の所得金額の合計 − 基礎控除43万円（前年の合計所得金額が2,400万円以下の場合）
均等割	世帯の中で国民健康保険に加入する人の数をもとに計算（介護保険料分は，40歳以上65歳未満の加入者の数をもとに計算） （注）2022年度からは，未就学児にかかる均等割額が公費負担により軽減されます。

世帯の年間所得が増えると国民健康保険料は増える

　世帯の中で国民健康保険に加入する人の数は同じでも，世帯の国民健

康保険加入者全員の年間所得合計額が多ければ，翌年度（翌年4月から翌々年3月まで）分の国民健康保険料は多くなります（国民健康保険料は毎年6月に決定され，6月から翌年3月の10回（市町村によっては4月から翌年3月の12回）で納めるのが原則です）。

　例えば，次のような世帯では，2021年度分の国民健康保険料は673,680円です。

● 東京都某区在住で，東京都および区が運営する国民健康保険に加入
　　世帯主Aさんは43歳の個人事業主（2020年の所得420万円）
　　配偶者のBさんは40歳（年収・所得0円）
　　子供は1人，Cさん16歳（年収・所得0円）

加入者数(1)		(1)のうち，介護該当人数(2)	
3		2	（40〜64歳の方）

加入者	年齢	給与所得	年金所得	営業等その他の所得	計算のもとになる所得
加入者1	43	0	0	4,200,000	3,770,000（4,200,000−基礎控除43万円）
加入者2	40	0	0	0	0
加入者3	16	0	0	0	0
加入者4	0	0	0	0	0
加入者5	0	0	0	0	0
加入者6	0	0	0	0	0
			加入者全員の所得		(3) 3,770,000
			介護該当者の所得		(4) 3,770,000

(5)	医療分所得割額	289,159	(3)×7.67%
(6)	医療分均等割額	126,000	(1)×42,000

(7)	医療分保険料額	415,159	(5)＋(6) ※最高限度額63万円
(8)	後期高齢者支援金分所得割額	91,611	(3)×2.43%
(9)	後期高齢者支援金分均等割額	40,500	(1)×13,500
(10)	後期高齢者支援金分保険料額	132,111	(8)＋(9) ※最高限度額19万円
(11)	介護分所得割額	91,611	(4)×2.43%
(12)	介護分均等割額	34,800	(2)×17,400
(13)	介護分保険料額	126,411	(11)＋(12) ※最高限度額17万円
(14)	世帯年間保険料額（見込み）	673,681	(7)＋(10)＋(13) ※最高限度額99万円
(15)	1か月あたりの保険料額	56,140	(14)/12か月
(16)	10回払い（6月～翌年3月）の1回あたりの保険料額	67,368	(14)/10回

（注）本書では，以下Aさん世帯を1つのモデルケースとして説明します。年齢や家族構成，所得金額が異なる方であっても，制度のしくみをご理解いただく上で参考にしていただけるかと思います。

　Aさんの2020年の所得が600万円なら，2021年度分の国民健康保険料は899,070円です。

　Aさんの2020年の所得が701万円以上なら，2021年度分の国民健康保険料は最高限度額である99万円です（医療分保険料額63万円＋後期高齢者支援金分保険料額19万円＋介護分保険料額17万円）

　（※）2022年度分以降の保険料は，保険料率の変動や最高限度額の改定などによって変わる可能性があります。

　都道府県・市町村が運営する国民健康保険には，職業生活を引退した人や失業中の人，学生，未就学児なども加入します。

　したがって，個人事業主・フリーランスの人の世帯所得がある程度増えると，国民健康保険料が上限額に達します。

　なお，市町村によっては，国民健康保険料の代わりに国民健康保険税として徴収している市町村もあります。

　条例の定めるところにより，一定の要件を満たせば保険料（税）が減免されたり，徴収を猶予されることがあります。詳しくは，お住いの市町村にご照会ください。

【比較】国民健康保険組合加入の場合の国民健康保険料

　国民健康保険組合（同種の事業または業務に従事している人で組織）が運営する国民健康保険の保険料は，所得額によらず定額の場合もあります。

　所得額が一定額以上の場合，そのような国民健康保険組合に加入するほうが，都道府県・市町村の運営する国民健康保険に加入するよりも国民健康保険料が少なくなります。

　そのため，個人事業主・フリーランス向けのお得情報として国民健康保険組合についての情報がインターネット上等でも提供されていることがあります。

　例えば，先ほどのＡさん世帯（前年の所得420万円）が，加入要件を満たしているために「文芸美術国民健康保険組合」に加入したとすると，Ａさん世帯の年間国民健康保険料は656,400円となることから，年間で17,280円安くなります（2021年度の場合）。

　ただし，国民健康保険組合の国民健康保険に加入するためには業種が該当する必要があり，地域が限定されている国民健康保険組合も多いです。

48

また，保険料の算定方法は各国民健康保険組合によって異なります。

【参考】文芸美術国民健康保険組合　2021年度保険料
　組合員　1人月額　21,100円
　　　　　（医療分 16,400円　後期高齢者支援金分 4,700円）
　家　族　1人月額　11,600円
　　　　　（医療分　6,900円　後期高齢者支援金分 4,700円）
　介護保険料
　（満40歳から64歳までの被保険者）
　　　　　1人月額　　5,200円
　支払方法：口座振替
　支払回数：6回，4回，2回，または1回（年に一度）

個人事業主・フリーランスが負担する国民年金保険料

　日本国内に住所を有する20歳以上60歳未満の人は国民年金に必ず加入することとなっており，国民年金保険料がかかります。

　国民年金保険料は2021年度は月額16,610円です

　Aさん・Bさん夫婦は，夫婦ともに20歳以上60歳未満ですので，2人とも国民年金保険料がかかります。

　2人分の年間の国民年金保険料は，月額16,610円×12か月×2人＝398,640円です（2021年度の場合）。

　もし，夫も妻も今月40歳になったばかりの夫婦なら，今後60歳になるまでの20年間で2人分合計の国民年金保険料は約800万円かかることとなります。

　年間約20万円×2人×20年＝約800万円

　同一世帯に子など20歳以上60歳未満の人がいる場合は，（保険料免除

を受けたり学生納付特例・保険料納付猶予制度を利用したりしていない
限り）その人についても国民年金保険料がかかります。

　世帯主は世帯の全員の国民年金保険料を連帯して納付する義務があり
ます。

　また，配偶者の一方は，他方の国民年金保険料を連帯して納付する義
務があります。

　なお，毎月の保険料納付期限は翌月末日のところ，当月末口座振替払
（早割）を利用すると1人あたり月額50円割引になります。

　また，6か月分，1年度分，2年度分などの保険料を前払する前納制
度もあります。2年度分を口座振替で前納すると，1人あたり15,850円
割引となります（2021年4月30日に2021年度分・2022年度分保険料を口
座振替の場合）。

Aさん世帯の年間社会保険料合計負担額は？

　以上より，Aさん世帯の年間社会保険料（国民健康保険料（介護保
険料を含む）＋国民年金保険料）合計負担額は，1,072,320円となります
（2021年度。国民年金保険料の早割や前納を利用しない場合）。

【図表4】年間社会保険料合計負担額　個人事業のまま

		1．年間医療保険料（介護保険料を含む）	2．年間年金保険料	3．年間社会保険料合計負担額（1＋2）
個人事業のまま	43歳・東京都某区本人所得420万円配偶者有（40歳所得0円）子1人（16歳）	国民健康保険料673,680円	国民年金保険料398,640円（199,320円×2人分）	1,072,320円

　年間所得420万円なら法人化しても税務メリットがそれほど生じない
ケースが多いため（164ページ**図表29参照**），個人事業で国民健康保険

料・国民年金保険料を負担する人が多いでしょう。

　しかし，仮にAさんが，何らかの理由で法人化を検討しているとしましょう。

　個人事業の全部を法人化すると，社会保険料負担額はどのように変わるでしょうか。

② 　法人のみ：個人事業の全部を法人化して厚生年金保険・健康保険に
　 加入する場合

　Aさん（43歳）が個人事業の全部を法人化するとします。

　東京都に本社のある法人を設立してAさんが法人の代表者となり，厚生年金保険および全国健康保険協会（協会けんぽ）が運営する健康保険に加入するとしましょう。

　もし，代表者Aさんの報酬月額を35万円（個人事業の所得420万円÷12）・賞与なしに設定すると，Aさん分の年間の健康保険料・厚生年金保険料（会社負担分＋本人負担分）は次のとおりとなります（2021年度）。

| 健康保険料（介護保険料を含む） | 月額41,904円×12か月＝502,848円 |
| 厚生年金保険料 | 月額65,880円×12か月＝790,560円 |

（注）報酬月額35万円の場合，月額保険料＝標準報酬月額36万円×保険料率となります（52ページ**図表5参照**）。

　健康保険料・厚生年金保険料は被保険者本人が毎月半額を負担し，残り半額の会社負担分も含めた全額を毎月会社が納めます（納期限は翌日末日です）。

　これら以外に，厚生年金保険に加入している人についての子ども・子育て拠出金も毎月併せて会社は納める必要があります（子ども・子育て拠出金は全額会社負担で，本人負担分はありません。この拠出金は，子どもがいない厚生年金保険被保険者についてもかかります）。

　この事例では，代表者 A さん分の子ども・子育て拠出金年間15,552円も会社が負担することとなります。

子ども・子育て拠出金（月額）	標準報酬月額36万円×2021年度拠出金率 1,000分の3.6＝1,296円
子ども・子育て拠出金（年額）	1,296円×12か月＝15,552円

（注）健康保険組合の運営する健康保険では，保険料率・給付内容・健康診断等や，保険料のうち会社負担分の割合，介護保険料がかかる人の範囲などが全国健康保険組合（協会けんぽ）の運営する健康保険と異なることがあります。

【図表5】 健康保険・厚生年金保険の保険料額表（2021年3月分〜）
全国健康保険協会・東京都

令和3年3月分（4月納付分）からの健康保険・厚生年金保険の保険料額表

・健康保険料率：令和3年3月分〜 適用　　・厚生年金保険料率：平成29年9月〜 適用
・介護保険料率：令和3年3月分〜 適用　　・子ども・子育て拠出金率：令和2年4月分〜 適用

（東京都）　　　（単位：円）

標準報酬		報酬月額		全国健康保険協会管掌健康保険料				厚生年金保険料（厚生年金基金加入員を除く）	
				介護保険第2号被保険者に該当しない場合 9.84%		介護保険第2号被保険者に該当する場合 11.64%		一般、坑内員・船員 18.300%※	
等級	月額			全額	折半額	全額	折半額	全額	折半額
		円以上	円未満						
1	58,000	～	63,000	5,707.2	2,853.6	6,751.2	3,375.6		
2	68,000	63,000 ～	73,000	6,691.2	3,345.6	7,915.2	3,957.6		
3	78,000	73,000 ～	83,000	7,675.2	3,837.6	9,079.2	4,539.6		
4(1)	88,000	83,000 ～	93,000	8,659.2	4,329.6	10,243.2	5,121.6	16,104.00	8,052.00
5(2)	98,000	93,000 ～	101,000	9,643.2	4,821.6	11,407.2	5,703.6	17,934.00	8,967.00
6(3)	104,000	101,000 ～	107,000	10,233.6	5,116.8	12,105.6	6,052.8	19,032.00	9,516.00
7(4)	110,000	107,000 ～	114,000	10,824.0	5,412.0	12,804.0	6,402.0	20,130.00	10,065.00
8(5)	118,000	114,000 ～	122,000	11,611.2	5,805.6	13,735.2	6,867.6	21,594.00	10,797.00
9(6)	126,000	122,000 ～	130,000	12,398.4	6,199.2	14,666.4	7,333.2	23,058.00	11,529.00
10(7)	134,000	130,000 ～	138,000	13,185.6	6,592.8	15,597.6	7,798.8	24,522.00	12,261.00
11(8)	142,000	138,000 ～	146,000	13,972.8	6,986.4	16,528.8	8,264.4	25,986.00	12,993.00
12(9)	150,000	146,000 ～	155,000	14,760.0	7,380.0	17,460.0	8,730.0	27,450.00	13,725.00
13(10)	160,000	155,000 ～	165,000	15,744.0	7,872.0	18,624.0	9,312.0	29,280.00	14,640.00
14(11)	170,000	165,000 ～	175,000	16,728.0	8,364.0	19,788.0	9,894.0	31,110.00	15,555.00
15(12)	180,000	175,000 ～	185,000	17,712.0	8,856.0	20,952.0	10,476.0	32,940.00	16,470.00
16(13)	190,000	185,000 ～	195,000	18,696.0	9,348.0	22,116.0	11,058.0	34,770.00	17,385.00
17(14)	200,000	195,000 ～	210,000	19,680.0	9,840.0	23,280.0	11,640.0	36,600.00	18,300.00
18(15)	220,000	210,000 ～	230,000	21,648.0	10,824.0	25,608.0	12,804.0	40,260.00	20,130.00
19(16)	240,000	230,000 ～	250,000	23,616.0	11,808.0	27,936.0	13,968.0	43,920.00	21,960.00
20(17)	260,000	250,000 ～	270,000	25,584.0	12,792.0	30,264.0	15,132.0	47,580.00	23,790.00
21(18)	280,000	270,000 ～	290,000	27,552.0	13,776.0	32,592.0	16,296.0	51,240.00	25,620.00
22(19)	300,000	290,000 ～	310,000	29,520.0	14,760.0	34,920.0	17,460.0	54,900.00	27,450.00
23(20)	320,000	310,000 ～	330,000	31,488.0	15,744.0	37,248.0	18,624.0	58,560.00	29,280.00
24(21)	340,000	330,000 ～	350,000	33,456.0	16,728.0	39,576.0	19,788.0	62,220.00	31,110.00
25(22)	360,000	350,000 ～	370,000	35,424.0	17,712.0	41,904.0	20,952.0	65,880.00	32,940.00
26(23)	380,000	370,000 ～	395,000	37,392.0	18,696.0	44,232.0	22,116.0	69,540.00	34,770.00
27(24)	410,000	395,000 ～	425,000	40,344.0	20,172.0	47,724.0	23,862.0	75,030.00	37,515.00
28(25)	440,000	425,000 ～	455,000	43,296.0	21,648.0	51,216.0	25,608.0	80,520.00	40,260.00
29(26)	470,000	455,000 ～	485,000	46,248.0	23,124.0	54,708.0	27,354.0	86,010.00	43,005.00
30(27)	500,000	485,000 ～	515,000	49,200.0	24,600.0	58,200.0	29,100.0	91,500.00	45,750.00
31(28)	530,000	515,000 ～	545,000	52,152.0	26,076.0	61,692.0	30,846.0	96,990.00	48,495.00
32(29)	560,000	545,000 ～	575,000	55,104.0	27,552.0	65,184.0	32,592.0	102,480.00	51,240.00
33(30)	590,000	575,000 ～	605,000	58,056.0	29,028.0	68,676.0	34,338.0	107,970.00	53,985.00
34(31)	620,000	605,000 ～	635,000	61,008.0	30,504.0	72,168.0	36,084.0	113,460.00	56,730.00
35(32)	650,000	635,000 ～	665,000	63,960.0	31,980.0	75,660.0	37,830.0	118,950.00	59,475.00
36	680,000	665,000 ～	695,000	66,912.0	33,456.0	79,152.0	39,576.0		
37	710,000	695,000 ～	730,000	69,864.0	34,932.0	82,644.0	41,322.0		
38	750,000	730,000 ～	770,000	73,800.0	36,900.0	87,300.0	43,650.0		
39	790,000	770,000 ～	810,000	77,736.0	38,868.0	91,956.0	45,978.0		
40	830,000	810,000 ～	855,000	81,672.0	40,836.0	96,612.0	48,306.0		
41	880,000	855,000 ～	905,000	86,592.0	43,296.0	102,432.0	51,216.0		
42	930,000	905,000 ～	955,000	91,512.0	45,756.0	108,252.0	54,126.0		
43	980,000	955,000 ～	1,005,000	96,432.0	48,216.0	114,072.0	57,036.0		
44	1,030,000	1,005,000 ～	1,055,000	101,352.0	50,676.0	119,892.0	59,946.0		
45	1,090,000	1,055,000 ～	1,115,000	107,256.0	53,628.0	126,876.0	63,438.0		
46	1,150,000	1,115,000 ～	1,175,000	113,160.0	56,580.0	133,860.0	66,930.0		
47	1,210,000	1,175,000 ～	1,235,000	119,064.0	59,532.0	140,844.0	70,422.0		
48	1,270,000	1,235,000 ～	1,295,000	124,968.0	62,484.0	147,828.0	73,914.0		
49	1,330,000	1,295,000 ～	1,355,000	130,872.0	65,436.0	154,812.0	77,406.0		
50	1,390,000	1,355,000 ～		136,752.0	68,376.0	161,796.0	80,898.0		

※厚生年金基金に加入している方の厚生年金保険料率は、基金ごとに定められている免除保険料率（2.4%〜5.0%）を控除した率となります。

加入する基金ごとに異なりますので、免除保険料率および厚生年金基金の掛金については、加入する厚生年金基金にお問い合わせください。

◆介護保険第2号被保険者は、40歳から64歳までの方であり、健康保険料率（9.84%）に介護保険料率（1.80%）が加わります。
◆等級欄の（ ）内の数字は、厚生年金保険の標準報酬月額等級です。
　4(1)等級の「報酬月額」欄は、厚生年金保険の場合「93,000円未満」と読み替えてください。
　35(32)等級の「報酬月額」欄は、厚生年金保険の場合「635,000円以上」と読み替えてください。
◆令和3年度における全国健康保険協会の任意継続被保険者について、標準報酬月額の上限は、300,000円です。

○被保険者負担分（表の折半額の欄）に円未満の端数がある場合
　①事業主が、給与から被保険者負担分を控除する場合、被保険者負担分の端数が50銭以下の場合は切り捨て、50銭を超える場合は切り上げて1円となります。
　②被保険者が、被保険者負担分を事業主へ現金で支払う場合、被保険者負担分の端数が50銭未満の場合は切り捨て、50銭以上の場合は切り上げて1円となります。
　(注)①、②にかかわらず、事業主と被保険者間で特約がある場合には、特約に基づき端数処理をすることができます。
○納入告知書の保険料額
　納入告知書の保険料額は、被保険者個々の保険料額を合算した額になります。ただし、合算した金額に円未満の端数がある場合は、その端数を切り捨てた額となります。
○賞与にかかる保険料額
　賞与に係る保険料額は、賞与額から1,000円未満の端数を切り捨てた額（標準賞与額）に、保険料率を乗じた額となります。
　また、標準賞与額の上限は、健康保険は年間573万円（毎年4月1日から翌年3月31日までの累計額）となり、厚生年金保険と子ども・子育て拠出金の場合は月額150万円となります。
○子ども・子育て拠出金
　事業主の方は、児童手当の支給に要する費用等の一部として、子ども・子育て拠出金を負担いただくことになります。（被保険者の負担はありません。）
　この子ども・子育て拠出金の額は、被保険者個々の厚生年金保険の標準報酬月額及び標準賞与額に、拠出金率（0.36%）を乗じて得た額の総額となります。

健康保険には「被扶養者」制度がある

個人事業の全部を法人化すると，配偶者や子などの分の医療保険料はどうなるでしょうか。

既にみたとおり，個人事業主・フリーランスが加入する国民健康保険には「被扶養者」という制度がありませんでした。

したがって，健康保険に加入している人などを除いた世帯全員が国民健康保険の「被保険者」となり，被保険者全員分の保険料がかかりました。

しかし，**法人代表者・役員等が加入する健康保険には「被扶養者」制度があります。被扶養者について健康保険料はかかりません。**

例えば，Aさん（43歳）世帯では，配偶者Bさん（40歳）も子Cさん（16歳）も年収0円です。

したがって，BさんもCさんも被保険者であるAさんと生計維持関係にあることからAさんの被扶養者となり，Bさん・Cさんについて健康保険料はかかりません（被扶養者は健康保険料負担0円で健康保険の給付を受けることができます）。

被扶養者が何人いても被扶養者分の保険料は一切かかりません。

健康保険の被扶養者となることができる人の範囲は54ページ図表6のとおり広いため，被扶養者となる人の数が多い場合は，健康保険加入によるメリットが大きくなります。

【図表6】健康保険の被扶養者となることができる人の範囲

1．主として被保険者により生計を維持している^(注1)右の人	(1)　直系尊属（父母，祖父母等） (2)　配偶者（婚姻の届出をしていないが，事実上婚姻関係と同様の事情にある人を含む） (3)　子 (4)　孫 (5)　兄弟姉妹
2．被保険者と同一の世帯^(注2)に属し，主として被保険者により生計を維持している右の人	(1)　被保険者の3親等内の親族（上記1．以外の人） (2)　婚姻の届出をしていないが事実上婚姻関係と同様の事情にある配偶者の父母および子 (3)　(2)の配偶者の死亡後におけるその父母および子

（注1）被扶養者認定における「生計維持関係」とは，生計の基礎を被保険者に置くことをいいます。生計維持関係は，原則として次の基準により認定されます。

認定対象者が被保険者と同一の世帯の場合	認定対象者の年間収入が130万円未満（60歳以上またはおおむね障害厚生年金の受給要件に該当する程度の障害の状態にある場合は180万円未満），かつ，原則として被保険者の年間収入の2分の1未満
認定対象者が被保険者と同一世帯に属していない場合	認定対象者の年間収入が130万円未満（60歳以上またはおおむね障害厚生年金の受給要件に該当する程度の障害の状態にある場合は180万円未満），かつ，被保険者からの援助による収入額よりも少ない場合

なお，年間収入には，給与収入だけでなく，次の収入も含まれます。

事業収入，不動産収入，利子収入，配当収入，雑収入，年金収入，
健康保険の傷病手当金，雇用保険の失業等給付　等

　また，年間収入が130万円未満（60歳以上またはおおむね障害厚生年金の受給要件に該当する程度の障害の状態にある場合は180万円未満）であっても，

法人役員や従業員（パートタイマー含む）で，健康保険の被保険者となるべき勤務条件で働いている人は，被扶養者ではなく被保険者となりますので注意が必要です。

（注2）被扶養者認定における「同一の世帯」とは，被保険者と住居および家計を共同にすることであり，同一戸籍内にあることは必ずしも必要とせず，また，被保険者が必ずしも世帯主であることを必要としないとされています。

　図表6の1．2．とも，後期高齢者医療制度に加入している人は除きます。また，2020年4月1日以降，1．2．とも，被扶養者となることができるのは，次の①または②に該当する人だけです。

　①　日本国内に住所を有する人
　②　外国において留学をする学生その他の日本国内に住所を有しないが渡航目的その他の事情を考慮して日本国内に生活の基礎があると認められるものとして厚生労働省令で定める人

法人を設立すると，配偶者の年金保険料はどうなる？

　既にみたとおり，個人事業主・フリーランスが加入する国民年金の保険料は，日本国内に住所を有する20歳以上60歳未満の人全員について必ずかかります。

　世帯主か・配偶者か・子か・親かや，所得の有無などにかかわらず，20歳以上60歳未満であれば，定額（2021年度は月額16,610円）の国民年金保険料がかかります。

　Aさん（43歳）Bさん（40歳）夫妻は2人とも20歳以上60歳未満ですので，個人事業のままですと，夫婦2人分の国民年金保険料が毎月33,220円（月額16,610円×2人）かかります。

　一方，法人化して代表者Aさんの報酬月額を35万円・賞与なしと設定すると，かかる年金保険料はAさん分の厚生年金保険料（会社負担

分・本人負担分合計で月額65,880円）だけです。

　個人事業のままであれば，夫婦2人とも国民年金の第1号被保険者です（日本国内に住所を有する20歳以上60歳未満の人で，第2号被保険者や第3号被保険者に該当しない人は第1号被保険者となります）。

　厚生年金保険の被保険者で原則65歳未満の人は，国民年金の第2号被保険者でもあります。

　国民年金の第2号被保険者の被扶養配偶者で20歳以上60歳未満の人は，国民年金の第3号被保険者となります（国民年金の第3号被保険者の認定は，健康保険の被扶養者認定と同様の基準（第3号被保険者は60歳未満のため，年間収入は原則として130万円未満）で認定されます）。

　なお，健康保険の被扶養者と同様，2020年4月1日以降第3号被保険者となることができるのは，日本国内に住所を有する人等（55ページ参照）だけです。

　国民年金の第1号被保険者は国民年金保険料を納める必要がありますが，第2号被保険者・第3号被保険者については国民年金保険料はかかりません。

　法人化すると，Aさんは厚生年金保険被保険者かつ国民年金の第2号被保険者となりますので，年金保険料としてはAさんの厚生年金保険料だけが最高70歳になるまでかかります。

　また，Aさんの被扶養配偶者で20歳以上60歳未満のBさんは国民年金の第3号被保険者となりますので，厚生年金保険料も国民年金保険料もかかりません。

国民年金の第3号被保険者は年金保険料がまったくかかりませんが，第3号被保険者期間の月数は第3号被保険者自身が65歳からもらえる老齢基礎年金額に反映します。

事業の全部を法人化した場合の年間社会保険料負担額

　以上より，個人事業の全部を法人化して代表者 A さんの報酬月額を35万円（標準報酬月額36万円）・賞与なしに設定すると，世帯分の年間社会保険料合計負担額（会社負担額＋本人負担額）は1,308,960円となり，法人を設立せず国民年金・国民健康保険に加入する場合に比べて，236,640円増えます（2021年度）。

【図表7】　事業の全部を法人化したときの年間社会保険料合計負担額

		1．年間医療保険料（介護保険料を含む）	2．年間年金保険料	3．年間社会保険料合計負担（1＋2）
ケース1 個人事業のまま	43歳・東京都某区 本人所得420万円 配偶者有（40歳所得 0 円） 子 1 人（16歳）	国民健康保険料 673,680円	国民年金保険料 398,640円 （199,320円×2 人分）	1,072,320円
ケース2 事業の全部を法人化すると	報酬月額35万円で協会けんぽ加入の場合（※）	健康保険料 502,848円	厚生年金保険料 806,112円 （子ども・子育て拠出金を含む）	1,308,960円 （増236,640円）

（※）配偶者は健康保険の被扶養者・国民年金の第 3 号被保険者となる。
（※）子は健康保険の被扶養者となる。

法人化して報酬月額30万円で厚生年金保険・健康保険に加入すると……

　なお，わかりやすいように35万円（法人設立前の所得額420万円÷12）を A さんの報酬月額として厚生年金保険料や健康保険料を試算してきましたが，報酬月額とは別に厚生年金保険料・健康保険料の会社負担分も発生するため，実際には代表者の報酬月額をもう少し下げて厚生年金保険・健康保険に加入するのが一般的です。

　例えば，A さんの報酬月額を30万円・賞与なしにすると，年間社会

保険料負担額（会社負担分＋本人負担分）は下記【事例】のとおり1,090,800円となります。

　この場合でも，法人を設立せず国民年金・国民健康保険に加入する場合に比べて年間社会保険料合計負担額は18,480円増加します。

【事例】
　報酬月額30万円（標準報酬月額30万円）・賞与なしの場合の年間社会保険料（2021年度。会社負担分＋本人負担分）
　・健康保険料（介護保険料を含む）：月額34,920×12か月＝419,040円
　・厚年年金保険料：月額54,900円×12か月＝658,800円
　・子ども・子育て拠出金：月額1,080円×12か月＝12,960円
　・年間社会保険料合計負担額：1,090,800円

報酬月額を65万円に上げると……

　国民健康保険料の上限額は2021年度現在，年間で99万円です。

　Aさん世帯では，世帯主の前年所得が701万円以上であれば上限額となりました（46ページ）。

　Aさん世帯の国民年金保険料は，所得金額によらず，夫婦2人分で年間398,640円です（2021年度。月額16,610円×12か月×2人分）。

　したがって，前年所得がいくら多かったとしても，Aさん世帯の年間社会保険料は，1,388,640円（99万円＋398,640円）が上限です（2021年度の場合）。

　一方，健康保険の標準報酬月額の上限は139万円，厚生年金保険料の標準報酬月額の上限は65万円と設定されています（2020年9月から）。

　法人設立後売上・利益が上がり，報酬月額を上げると年間社会保険料はどのくらいまで上がるのでしょうか。

　例えば，Aさんの報酬月額を65万円（報酬年額780万円）・賞与なしに設定すると，年間社会保険料合計負担額（会社負担分＋本人負担分）は，2,363,400円となり，国民健康保険・国民年金加入の場合の上限額（1,388,640円）よりも，974,760円多くなります。

【事例】
　報酬月額65万円（標準報酬月額65万円）・賞与なしの場合の年間社会保険料（2021年度）
　・健康保険料（介護保険料を含む）
　　：月額75,660円×12か月＝907,920円
　・厚年年金保険料：月額118,950円×12か月＝1,427,400円
　・子ども・子育て拠出金：月額2,340円×12か月＝28,080円
　・年間社会保険料合計負担額：2,363,400円

　この場合の会社負担分社会保険料は年間1,195,740円（月額99,645円×12か月），本人負担分社会保険料は年間1,167,660円（月額97,305円×12か月）となります。

　法人化して被保険者の役員給与が増えると，健康保険料・厚生年金保険料が高くなることが理解できると思います。

　法人化を検討する場合には，事前に役員給与設定・社会保険料負担額のシミュレーションを行うことが重要です。

報酬月額・賞与額を下げると，社会保険料負担は少なくなる

　健康保険料・厚生年金保険料や子ども・子育て拠出金は報酬月額・賞与額に応じて決まります。

　ですから，Ａさんも，法人から受ける報酬月額を35万円や30万円ではなく，もっと下げて加入すれば健康保険料・厚生年金保険料は下がります。

　健康保険料・厚生年金保険料は高いというイメージを持っている人も多いですが，被保険者の報酬月額が低い場合はそれほど高くありません。

　報酬月額93,000円未満（厚生年金保険の標準報酬月額88,000円）なら厚生年金保険料（会社負担分＋本人負担分）は月額16,104円です。これは，国民年金保険料（2021年度は月額16,610円）よりも安いです。

　厚生年金保険の標準報酬月額は現在88,000円が下限ですから，報酬月額93,000円未満であれば，どんなに報酬月額が低額であっても厚生年金保険料は月額16,104円です。

　一方，健康保険の標準報酬月額は，報酬月額93,000円未満でも，現在図表8のとおり4区分に分かれています。

【図表8】報酬月額93,000円未満の場合の健康保険の標準報酬月額

報酬月額	健康保険の標準報酬月額
83,000円以上93,000円未満	88,000円
73,000円以上83,000円未満	78,000円
63,000円以上73,000円未満	68,000円
63,000円未満	58,000円

　例えば，報酬月額63,000円未満の場合なら，厚生年金保険料（会社負担分＋本人負担分）は報酬月額63,000円以上93,000円未満の場合と同様月額16,104円ですが，健康保険料（介護保険料含む。会社負担分＋本人負担分）は月額6,751円です（52ページ図表5保険料額表参照）。

【事例】

　全て全国健康保険協会・東京都・2021年度・40歳以上65歳未満の場合。

①報酬月額10万円（標準報酬月額98,000円）の場合の月額社会保険料
　・健康保険料（介護保険料を含む）：月額11,407円を会社・本人が折半負担
　・厚生年金保険料：月額17,934円を会社・本人が折半負担
　・子ども・子育て拠出金：月額352円を会社が全額負担

②報酬月額９万円（標準報酬月額88,000円）の場合の月額社会保険料
　・健康保険料（介護保険料を含む）：月額10,243円を会社・本人が折半負担
　・厚生年金保険料：月額16,104円を会社・本人が折半負担
　・子ども・子育て拠出金：月額316円を会社が全額負担

③報酬月額６万円（健康保険の標準報酬月額58,000円，厚生年金保険の標準報酬月額88,000円）の場合の月額社会保険料
　・健康保険料（介護保険料を含む）：月額6,751円を会社・本人が折半負担
　・厚生年金保険料：月額16,104円を会社・本人が折半負担
　・子ども・子育て拠出金：月額316円（厚生年金保険の標準報酬月額88,000円×拠出金率1,000分の3.6）を会社が全額負担

　このように，**低額報酬で健康保険・厚生年金保険に加入する際の保険料は高くありません。**

　これは，被保険者となる人が従業員であっても，法人代表者・役員であっても同じことです。

　ただし，役員給与額を低額に設定することによって，法人の所得金額が増えると，法人税等の額が増えます。

　ざっくり考えて，法人所得金額の約3割を法人税等として法人が負担するとすれば，残りの約7割分のお金は法人に残りますが，法人に残ったお金は法人の事業のためにしか使うことができません。

③　個人事業＋ミニマム法人：個人事業の一部を法人化して，ミニマム法人で厚生年金保険・健康保険に加入する場合

「個人事業＋ミニマム法人」にすると保険料負担はどうなるか……

　それでは，例えば，次のような場合はどうなるでしょうか。

　Aさん（43歳）が学習塾（年間所得300万円）と小売業（年間所得120万円）をともに個人事業で行っており，小売業のみを行う法人を新たに設立しAさんが法人代表者に就任した。

　この場合，Aさん世帯の社会保険料は，Aさんが法人から受ける報酬月額が10万円の場合，9万円の場合，6万円の場合とも，61ページの【事例】①，②，③と同額です。

　「個人事業＋ミニマム法人」の場合も，個人事業の全部を法人化した場合と同様に，法人から受ける報酬月額が低額であれば，健康保険料・厚生年金保険料負担は少なくて済みます。

　そして，「個人事業＋ミニマム法人」の場合も，個人事業の全部を法人化した場合と同様に，国民健康保険料・国民年金保険料はかかりません。

　もし，個人事業の一部を法人化して代表者Aさんの報酬月額を6万円・賞与なしに設定すると，世帯分の年間社会保険料合計負担額（会社

負担分＋本人負担分）は278,052円となり，法人を設立せず国民年金・国民健康保険に加入する場合に比べて，794,268円減ります（2021年度）。

「個人事業＋ミニマム法人」という第3の選択肢もあることを知っておこう

　一般に，個人事業主・フリーランス向けの解説本などでは，年金・医療保険加入の選択肢として，次の①，②の2つだけが紹介されることが多いです。

①個人事業のみ	個人事業主・フリーランスとして国民年金・国民健康保険に加入する
②法人のみ	個人事業の全部を法人化して厚生年金保険・健康保険に加入する
③個人事業＋ミニマム法人	個人事業の一部を法人化して，ミニマム法人で厚生年金保険・健康保険に加入する

　健康保険料・厚生年金保険料は高いという思い込みから，その他の選択肢については検討することなく，①を選択し続ける人も多いです。
　しかし，複数の事業を行っている場合は，③の選択肢もあることを覚えておきましょう。

　健康保険料・厚生年金保険料負担の累計額は，法人代表者・役員として長く働けば働くほど多くなりますが，低額報酬で加入するのであれば少なくて済みます。

　年金・医療保険制度のしくみを知っているか知らないかによって，社会保険料負担額は，大きく変わります。

64

【まとめ】個人事業，法人，「個人事業＋ミニマム法人」 保険料の比較
　図表9は，Aさん世帯について，以下のケース1，ケース2，ケース3のそれぞれのケースにおいて，世帯の年間社会保険料合計負担額がどれくらい異なるかを比較したものです。

ケース1　個人事業のまま
　現状どおり個人事業のまま。世帯主Aさん（43歳・所得420万円），配偶者Bさん（40歳・所得0円），子1名（Cさん16歳）。東京都某区在住で国民健康保険および国民年金に加入

ケース2　事業の全部を法人化
　個人事業の全部を法人化し，報酬月額35万円（標準報酬月額36万円）で全国健康保険協会（協会けんぽ）・東京都の健康保険および厚生年金保険に加入

ケース3　事業の一部を法人化（個人事業＋ミニマム法人）
　個人事業の一部のみを法人化して，法人から受ける報酬月額6万円（健康保険の標準報酬月額58,000円・厚生年金保険の標準報酬月額88,000円）で全国健康保険協会（協会けんぽ）・東京都の健康保険および厚生年金保険に加入

【図表9】個人事業，法人，「個人事業＋ミニマム法人」 保険料の比較

		1．年間医療保険料（介護保険料を含む）	2．年間年金保険料	3．年間社会保険料合計負担額（1＋2）
ケース1 個人事業のまま	43歳・東京都某区 本人所得420万円 配偶者有（40歳所得0円） 子1人（16歳）	国民健康保険料 673,680円	国民年金保険料 398,640円（199,320円×2人分）	1,072,320円

ケース2 事業の全部を法人化すると	報酬月額35万円で協会けんぽ加入の場合（※）	健康保険料 502,848円	厚生年金保険料 806,112円 （子ども・子育て拠出金を含む）	1,308,960円 （増236,640円）
ケース3 事業の一部を法人化すると	報酬月額６万円で協会けんぽ加入の場合（※）	健康保険料 81,012円	厚生年金保険料 197,040円 （子ども・子育て拠出金を含む）	278,052円 （減794,268円）

（※）配偶者は健康保険の被扶養者・国民年金の第３号被保険者となります。
（※）子は健康保険の被扶養者となります。

　これまでに学んだ内容の復習・発展学習として，以下の解説と併せてチェックいただき，理解を深めていただければと思います。

●Aさん世帯の年間社会保険料合計負担額は，現在約107万円です（図表9 ケース1 の３.）。
　もし，事業の全部を法人化して本人の報酬月額を35万円とすると，年間社会保険料合計負担額は約24万円増えます（ ケース2 の３.）。
　事業の一部のみを法人化して本人の報酬月額を６万円とすると，年間社会保険料合計負担額は約79万円減ります（ ケース3 の３.）。

●報酬月額が低い分だけ ケース2 よりも ケース3 のほうが，健康保険料も厚生年金保険料も安くなります。

● ケース2 を選択したとしても，報酬月額を６万円にすると ケース3 と同額の健康保険料と厚生年金保険料となります。
　ただ，その場合，（経費が増えたりしない限り）法人税等控除後の当期純利益が法人に残ることとなり，残ったお金は法人の事業にしか使えません。

● 国民健康保険料（ ケース1 の 1 ．）は，健康保険等に加入していない人が同一世帯に他にもいる場合は，さらに高くなります（その人の年間所得が高いほど保険料増加額は大きくなります）。

● 2021年度の国民健康保険料の上限額は99万円です。

● 国民年金保険料（ ケース1 の 2 ．）は，同一世帯に子など20歳以上60歳未満の人が他にもいる場合は，その人の保険料についても世帯主が連帯して納付する義務を負います。

● 健康保険料（ ケース2 の 1 ．， ケース3 の 1 ．）は，被扶養者が何人いても増えません。

● 厚生年金保険（ ケース2 の 2 ．， ケース3 の 2 ．）の標準報酬月額の上限は2020年 9 月から65万円です。

● 国民健康保険料（ ケース1 の 1 ．）は原則75歳になるまでかかります。

● 健康保険料（ ケース2 の 1 ．， ケース3 の 1 ．）も最高75歳になるまでまでかかります。

● ケース1 ケース2 ケース3 のいずれであっても，75歳からの医療保険は後期高齢者医療制度に加入して保険料を負担することとなります。
　2021年度の後期高齢者医療制度の保険料の上限額は64万円です。

● 国民年金保険料（ ケース1 の 2 ．）は，20歳から60歳になるまでかかります。
　産前産後の一定期間（出産の予定日（または出産の日）の属する月の

前月（多胎妊娠の場合は 3 月前）から出産予定月の翌々月まで）については保険料免除制度があります。

●将来的には，国民年金保険料を納める期間を65歳まで延長することが議論・検討される可能性もあります。

●厚生年金保険料（ケース2 の 2 ．，ケース3 の 2 ．）は最高70歳になるまでかかります。

　将来的には，厚生年金保険料を納める期間を75歳まで延長することが議論・検討される可能性もあります。

　（注）本書では，年金・医療保険制度のしくみを理解しやすいように，ケース3 における報酬月額を 6 万円として試算しています。報酬月額を 6 万円とすることをおすすめしているわけではありません。
　　実際には，事業計画・利益計画等に基づいて適切な報酬月額を設定することとなります。

2　年金・医療保険の給付が3つのケースでどのように変わるのか

　2016（平成28）年10月1日から，次いで，2017（平成29）年4月1日からと，国はより多くのパートタイム労働者等が厚生年金保険・健康保険に加入できるよう，加入できる人の範囲を段階的に広げてきました。

【図表10】加入者の範囲が広がった厚生年金保険と健康保険
　　　　　適用対象となる方の範囲はこのように変わりました

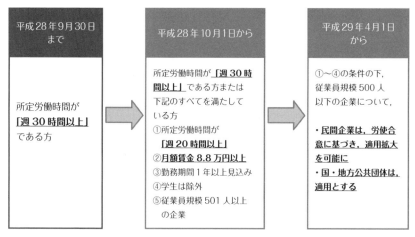

（出典）「パート・アルバイトの皆さんへ　社会保険の加入対象が広がっています。」2017（平成29）年5月10日　政府広報オンライン（https://www.gov-online.go.jp/useful/article/201607/2.html）

　また，2020年の年金改正により，今後も厚生年金保険・健康保険に加入できる人の範囲は，次のとおり段階的に広げられていきます。

● 2022年10月1日から

　【図表10】⑤の「501人以上」が「101人以上」に拡大され，③が削除されます。

　また，従業員数常時5人以上の士業（弁護士，税理士等）の個人事務所が強制適用事業所とされます。

　さらに，2か月以内の期間を定めて使用され，定めた期間を超えて使用されることが見込まれる人は，当初から厚生年金保険・健康保険に加入するものとされます。

● 2024年10月1日から

　さらに，【図表10】⑤が「51人以上」に拡大されます。

厚生年金保険・健康保険加入により年金・医療保険の給付は充実する

　厚生年金保険・健康保険の適用拡大にあたって厚生労働省・日本年金機構がパートタイム労働者向けに作成した啓蒙用のチラシには，厚生年金保険・健康保険に加入することによって生じるメリットが記載されていました（70ページ**図表11**）。

【図表11】 厚生年金保険・健康保険に加入するメリット

2. 加入する（適用になる）メリットは？

① 将来もらえる年金が増えます

全国民共通の基礎年金に加えて，報酬比例の年金（厚生年金）が終身でもらえます。

モデルケース（月収88,000円）	保険料	増える年金額（目安）		
40年間加入	月額8,000円／年額96,000円	月額19,300円／年額231,500円	×	終身
20年間加入	月額8,000円／年額96,000円	月額 9,700円／年額115,800円	×	終身
1年間加入	月額8,000円／年額96,000円	月額 500円／年額5,800円	×	終身

＜保険料と年金額のモデルケース（40年間加入）＞ ※金額は月額

※月収が増えると年金額も増えます。また受取開始後も，物価や賃金により上下するほか，少子高齢化による調整（減額）があります。

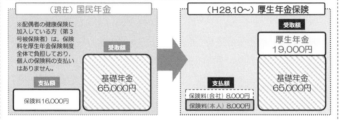

② 障害がある状態になった場合なども，より多くの年金がもらえます

厚生年金保険に加入中に万一障害がある状態になった場合に，「障害厚生年金」が支給されます。また，万一お亡くなりになった場合も，ご遺族の方に「遺族厚生年金」が支給されます。

③ 医療保険（健康保険）の給付も充実します

ご自身の勤め先で健康保険に加入すると，賃金に応じた毎月の保険料（上記モデルケースでは，月額4,400円）で，ケガや出産によって仕事を休まなければならない場合に，賃金の3分の2程度の給付を受け取ることができます（傷病手当金，出産手当金）。

④ 会社も保険料を支払います。一部の方は保険料が安くなることがあります

会社もあなたのために同じ額の保険料を支払います。つまり，自身が支払った保険料の2倍の額が支払われていることになり，それが将来の厚生年金につながります。また，現在ご自身で国民年金や国民健康保険の保険料を支払っている方は，自身が支払う保険料が安くなることがあります。

3. その他気をつけておくべきポイント

・社会保険の被扶養者（第3号被保険者）かどうかを判断する年収130万円の基準に変更はありませんが，年収130万円未満であっても，上の加入要件に当てはまる方は，被扶養者とはならず，自身で厚生年金保険・健康保険に加入することになります。

・配偶者が勤めている会社から支給される扶養手当（家族手当等）の支給要件については，その会社にお問い合わせください。

・厚生年金保険・健康保険の加入手続は勤め先の会社を通して行いますが，現在ご自身で国民健康保険に加入している方は，国民健康保険の資格喪失の届出をご自身で行う必要があります。詳しくは，お住まいの市町村にお尋ねください。
また，現在，配偶者の健康保険に加入している被扶養者の方も，資格喪失の届出を配偶者の会社を通じて行う必要がありますので，その旨を配偶者の会社に申し出てください。

4. より詳しく知りたい方へ

社会保険の適用拡大についての詳しい内容は，厚生労働省のホームページをご覧いただくか，最寄りの年金事務所にお尋ねください。

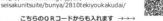

厚生労働省ホームページ
http://www.mhlw.go.jp/stf/
seisakunitsuite/bunya/2810tekiyoukakudai/

こちらのQRコードからも入れます →→→

（出典）「短時間（パート等）で働く皆さまへ 平成28年10月1日から 厚生年金保険・健康保険の加入対象が広がっています！(社会保険の適用拡大)」 より一部修正

「個人事業＋ミニマム法人」で厚生年金保険・健康保険に加入する人の年金・医療保険給付も充実する

　厚生年金保険法・健康保険法は，パートタイム労働者等従業員だけでなく，法人代表者・役員にも同様に適用される法律です。

　したがって，パートタイム労働者等が厚生年金保険・健康保険に加入することによって得られるのと同様の給付を，ミニマム法人から低額の役員給与を受けて厚生年金保険・健康保険に加入する法人代表者・役員も受けることができます。

　以下，

A.　年金　72ページ B.　医療保険　138ページ

の各給付について，次の３つのケースによって，どのように変わるのかを１つひとつ詳しくみていくことにしましょう。

ケース1 個人事業のみ	個人事業主・フリーランスとして国民年金・国民健康保険に加入する場合
ケース2 法人のみ	個人事業の全部を法人化して厚生年金保険・健康保険に加入する場合
ケース3 個人事業＋ミニマム法人	個人事業の一部を法人化して，ミニマム法人で厚生年金保険・健康保険に加入する場合

A.　年金の給付

　ケース1 の個人事業主・フリーランスとして，国民年金・国民健康保険に加入する場合（個人事業のみ）も，要件を満たせば，全国民共通の基礎年金が国民年金から支給されます。

　基礎年金には，次の３つがあります。

- 老齢基礎年金（65歳になったら，もらえる年金）
- 障害基礎年金（病気やケガが原因で障害等級１級または２級に該当したら，もらえる年金）
- 遺族基礎年金（亡くなったときに，原則として高校卒業年度末までの子のある配偶者または子に支給される年金）

　一方， ケース2 の個人事業の全部を法人化して厚生年金保険・健康保険に加入する場合（法人のみ）や， ケース3 の個人事業の一部を法人化して，ミニマム法人で厚生年金保険・健康保険に加入する場合（個人事業＋ミニマム法人）は，支給要件を満たせば，老齢基礎年金・障害基礎年金・遺族基礎年金だけでなく，それぞれの年金の上乗せ年金として，老齢厚生年金，障害厚生年金，遺族厚生年金ももらえるようになりますので，年金給付が充実します。

- 老齢基礎年金＋老齢厚生年金
- 障害基礎年金＋障害厚生年金
- 遺族基礎年金＋遺族厚生年金

　以下，老齢年金・障害年金・遺族年金の順番で， ケース1 ， ケース2 ，

ケース3 で，もらえる年金額がどのくらい変わるのかをみていきましょう。

■ 老齢年金

ケース1 ☞ 老齢基礎年金は満額で年間約78万円

　20歳以上60歳未満の40年間（480月）切れ目なく国民年金，厚生年金保険等公的年金に加入して保険料を480月納めた人は，65歳から満額の老齢基礎年金（2021年度は780,900円）を生涯受給できます。

　なお，20歳以上60歳未満の40年間（480月）のうち10年（120月）以上40年（480月）未満の期間だけ国民年金，厚生年金保険等公的年金に加入して保険料を納めた人には，65歳から次の額の老齢基礎年金が支給されます。

> 満額の老齢基礎年金（2021年度は780,900円）×公的年金に加入して保険料を納めた月数/480月

【事例】
・公的年金に加入して保険料を納めた期間が30年（360月），保険料未納期間が10年（120月）の人が受給できる老齢基礎年金額
＝満額の老齢基礎年金（2021年度は780,900円）×360月/480月
＝585,675円

・公的年金に加入して保険料を納めた期間が20年（240月），保険料未納期間が20年（240月）の人が受給できる老齢基礎年金額
＝満額の老齢基礎年金（2021年度は780,900円）×240月/480月
＝390,450円

・公的年金に加入して保険料を納めた期間が10年（120月），保険料未納期間が30年（360月）の人が受給できる老齢基礎年金額
＝満額の老齢基礎年金（2021年度は780,900円）×120月/480月
＝195,225円

　20歳以上60歳未満の40年間公的年金に加入して保険料を納めれば，満額の老齢基礎年金を約78万円もらえるわけですから，ざっくり約80万円として考えると，

> 65歳からもらえる老齢基礎年金額＝20歳以上60歳未満の40年間のうち公的年金に加入して保険料を納めた年数×約2万円

となります。

　つまり，20歳から60歳になるまでの40年の間に，1年間公的年金に加入して保険料を納めれば，65歳からもらえる老齢基礎年金が年額約2万円増える，ということです。

　なお，1986年4月1日以降，20歳以上60歳未満の間に，厚生年金保険や共済年金に加入している人（原則65歳未満の人）の被扶養配偶者となっていた期間（国民年金の「第3号被保険者」期間）がある人は，その期間の月数も「公的年金に加入して保険料を納めた月数」にカウントされ，老齢基礎年金額に反映します。

　また，産前産後の保険料免除期間の月数も「公的年金に加入して保険料を納めた月数」に算入され，老齢基礎年金額に反映します。
　産前産後期間以外の国民年金保険料の免除期間がある人の老齢基礎年金額の計算は次のとおり複雑となります。
・老齢基礎年金額＝満額の老齢基礎年金（2021年度は780,900円）×（①＋②＋③＋④＋⑤）÷480月
　①公的年金に加入して保険料を納めた月数
　②保険料全額免除期間の月数×4/8（2009年3月以前の期間は2/6）
　③保険料3/4免除期間（保険料の1/4を納めた期間）の月数×5/8（2009年3月以前の期間は3/6）

④保険料半額免除期間（保険料の半額を納めた期間）の月数×
　6／8（2009年3月以前の期間は4／6）
⑤保険料1／4免除期間（保険料の3／4を納めた期間）の月数×
　7／8（2009年3月以前の期間は5／6）

　納めるべき国民年金保険料が未納の期間は，老齢基礎年金額に反
映しません。
　国民年金保険料の一部免除（3／4免除，半額免除，1／4免除）
を受けた期間は，減額された保険料を納めていない場合，未納期間
扱いとなります。

老齢基礎年金は受給資格期間（10年以上）を満たしていないともらえない

　公的年金に加入して保険料を納めた期間等（国民年金の保険料免
除期間・保険料納付猶予期間・学生納付特例期間や合算対象期間
（国民年金に任意加入できる人が任意加入していなかった期間な
ど）を含みます。以下同じ）が10年（120月）に満たない人は，老
齢基礎年金をもらえません。
　　（注）　国民年金保険料の一部免除を受けた期間については，減額された保険
　　料を納めた期間のみ，老齢基礎年金の受給資格期間（10年以上）を満たして
　　いるかどうかを判定する際に算入されます。

国民年金加入期間のみの人も65歳から老齢基礎年金をもらえる

　厚生年金保険に1か月も加入したことがなく，国民年金に10年以
上加入して保険料を納めた人も，65歳から老齢基礎年金をもらえます。

【事例1】

　20歳から60歳になるまでの40年間切れ目なく国民年金保険料を納めた人は，65歳から約80万円の老齢基礎年金を一生もらえます。

　例えば，90歳まで生きるとすると，65歳から90歳までの25年間で，総額約2,000万円受給することとなります。

・約80万円×25年＝2,000万円

【事例2】

　20歳から60歳になるまでの40年間のうち10年だけ国民年保険料を納め，他に公的年金加入期間のない人は，65歳から約20万円（約80万円×1／4）の老齢基礎年金を一生もらえます。

　65歳から90歳になるまでの25年間受給するとしたら，総額約500万円受給することとなります。

・約80万円×1／4×25年＝500万円

【事例3】

　20歳から60歳になるまでの40年間のうち9年11か月だけ国民年保険料を納め，他に国民年金の保険料免除期間・保険料納付猶予期間・学生納付特例期間・合算対象期間や厚生年金保険加入期間（共済組合等加入期間を含みます）のない人は，受給資格期間（10年以上）を満たしていないので，このままでは65歳になっても老齢基礎年金を1円ももらえません。

国民年金保険料の「追納」について

　免除や保険料納付猶予・学生納付特例を受けた月分の保険料は，厚生労働大臣の承認を受けて，承認月前10年以内の期間の保険料を追納することができます（老齢基礎年金の受給権者は追納できません）。

　追納することにより，「公的年金に加入して保険料を納めた月

数」に算入され，老齢基礎年金額が増えます。

　なお，免除などを受けた年度から起算して4年度目以降に追納する場合は，もともとの保険料に政令で定める額を加算した額を納めることとなります。

60歳以降の国民年金への任意加入について

　国民年金保険料未納の期間がある等，20歳以上60歳未満の40年間（480月）の公的年金加入記録だけでは満額の老齢基礎年金をもらえない人は，60歳以降65歳まで（最高60月）の間に国民年金に任意加入して，65歳からもらえる老齢基礎年金額を満額に近づけることができます。

　また，65歳以上で老齢基礎年金の受給資格期間（10年以上）を満たしていない人は，1965年4月1日以前生まれの人に限り，最高70歳までの間で受給資格期間を満たすまで，国民年金に任意加入できます。

ケース2　厚生年金保険に加入すると，老齢基礎年金だけでなく老齢厚生年金ももらえる

　ケース1で見たように老齢基礎年金は満額でも年間約78万円です。
　預貯金額や換金できる保有資産等にもよりますが，年をとった時にもらえる年金額としては，これだけでは不安に感じる人もいるでしょう。

　しかし，公的年金に加入して保険料を納めた期間等（75ページ参照）が合計10年以上あり，そのうち1月でも厚生年金保険加入期間があると，65歳から老齢基礎年金だけでなく老齢厚生年金ももらえるようになります。

　老齢厚生年金は，「報酬比例部分」と「経過的加算部分」（差額加算ともいいます）に分かれます。

【図表12】65歳からの年金のイメージ

老齢厚生年金（報酬比例部分）
老齢厚生年金（経過的加算部分）
老齢基礎年金

老齢厚生年金（報酬比例部分）の年金額

　老齢厚生年金（報酬比例部分）の年金額の計算式は次のとおりです（1946年4月2日以降生まれの人の場合の原則的な計算式）。

> 老齢厚生年金（報酬比例部分）＝平均標準報酬額[注]×5.481/1,000×2003年4月以降の厚生年金保険加入期間の月数

（注）2003年4月以降の厚生年金保険加入期間の各月の標準報酬月額と標準賞与額を現在の水準に再評価したものの総額÷2003年4月以降の厚生年金保険加入期間の月数

　このように，老齢厚生年金（報酬比例部分）の年金額には，厚生年金保険加入期間の月数や厚生年金保険加入期間の各月に受けた報酬月額・賞与額が反映されます。

　ただし，2003年3月以前にも厚生年金保険加入期間がある人の場合，老齢厚生年金（報酬比例部分）の年金額の計算式は次のとおりとなります。

> 老齢厚生年金（報酬比例部分）＝（平均標準報酬月額[注]×7.125/1,000
> ×2003年3月以前の厚生年金保険加入期間の月数）＋（平均標準報酬
> 額×5.481/1,000×2003年4月以降の厚生年金保険加入期間の月数）

（注）2003年3月以前の厚生年金保険加入期間の各月の標準報酬月額を現在の
　　　水準に再評価したものの総額÷2003年3月以前の厚生年金保険加入期間
　　　の月数

　2003年3月以前に厚生年金保険加入期間のある人は，2003年3月
以前の厚生年金保険加入期間・各月に受けた報酬月額から計算され
る年金と，2003年4月以降の厚生年金保険加入期間・各月に受けた
報酬月額・賞与額から計算される年金の合算額が，もらえる老齢厚
生年金（報酬比例部分）の年金額となります。

　2003年3月以前の厚生年金保険加入期間に受けた賞与額は年金額
に反映しません。

これからはじめて厚生年金保険に入る人の老齢厚生年金（報酬比例部分）

　では，これまで厚生年金保険に1月も加入したことがない人がこ
れから厚生年金保険に加入すると，もらえる年金はどうなるでしょ
うか。

【事例1】20歳から40歳になるまでの20年間，1月も切れ目なく国民
年金に加入して国民年金保険料を納めてきた人が厚生年金保険に入る
場合（平均標準報酬額360,000円と仮定）。

1－1．40歳以降60歳になるまでの20年間厚生年金保険に加入し
て1月も切れ目なく厚生年金保険料を納めると……
　65歳から満額の老齢基礎年金約78万円をもらえます。

　さらに，65歳から老齢厚生年金（報酬比例部分）も約47万円もらえます。

> 65歳からの老齢厚生年金（報酬比例部分）の年金額＝平均標準報酬額36万円×5.481/1,000×厚生年金保険加入期間の月数240月＝473,558円

１－２．40歳以降65歳になるまでの25年間厚生年金保険に加入して１月も切れ目なく厚生年金保険料を納めると……

　65歳から満額の老齢基礎年金約78万円をもらえます。

　さらに，65歳から老齢厚生年金（報酬比例部分）も約59万円もらえます。

> 老齢厚生年金（報酬比例部分）の年金額＝平均標準報酬額36万円×5.481/1,000×厚生年金保険加入期間の月数300月＝591,948円

１－３．40歳以降70歳になるまでの30年間厚生年金保険に加入して１月も切れ目なく厚生年金保険料を納めると……

　65歳から満額の老齢基礎年金約78万円をもらえます。

　さらに，65歳から老齢厚生年金（報酬比例部分）も約59万円もらえます。

> 65歳からの老齢厚生年金（報酬比例部分）の年金額＝平均標準報酬額36万円×5.481/1,000×厚生年金保険加入期間の月数300月＝591,948円

　なお，70歳からの老齢厚生年金（報酬比例部分）は約71万円もらえます。

> 70歳からの老齢厚生年金（報酬比例部分）の年金額＝平均標準報酬額36万円×5.481/1,000×厚生年金保険加入期間の月数360月（40歳から70歳になるまで）＝710,338円

　以上のとおり，平均標準報酬額が同じであれば，**なるべく長く厚生年金保険に加入したほうが，老齢厚生年金保険（報酬比例部分）の年金額は多くなります。**
　厚生年金保険には原則70歳になるまで加入できます。

加入中の報酬月額・賞与額も老齢厚生年金（報酬比例部分）の額に影響する

　老齢厚生年金（報酬比例部分）の年金額には，厚生年金保険加入期間の月数だけでなく，厚生年金保険加入中に受けた報酬月額や（2003年4月以降の）賞与額も影響します。
　厚生年金保険加入期間の月数が同じであれば，平均標準報酬額が大きいほど老齢厚生年金（報酬比例部分）の年金額は多くなり，平均標準報酬額が小さいほど老齢厚生年金（報酬比例部分）の年金額は少なくなります。

　低額報酬で厚生年金保険に加入した場合の年金額を以下の【事例2】で確認してみましょう。
　【事例2】は【事例1】の平均標準報酬額を360,000円から88,000円に変更したものです。

【事例2】20歳から40歳になるまでの20年間，1月も切れ目なく国民年金に加入して国民年金保険料を納めてきた人が厚生年金保険に入る場合（平均標準報酬額88,000円と仮定）。

2－1．40歳以降60歳になるまでの20年間厚生年金保険に加入して1月も切れ目なく厚生年金保険料を納めると……

　65歳から満額の老齢基礎年金約78万円をもらえます。

　さらに，65歳から老齢厚生年金（報酬比例部分）も約12万円もらえます。

> 65歳からの老齢厚生年金（報酬比例部分）の年金額＝平均標準報酬額88,000円×5.481/1,000×厚生年金保険加入期間の月数240月＝115,759円

2－2．40歳以降65歳になるまでの25年間厚生年金保険に加入して1月も切れ目なく厚生年金保険料を納めると……

　65歳から満額の老齢基礎年金約78万円をもらえます。

　さらに，65歳から老齢厚生年金（報酬比例部分）も約14万円もらえます。

> 老齢厚生年金（報酬比例部分）の年金額＝平均標準報酬額88,000円×5.481/1,000×厚生年金保険加入期間の月数300月＝144,698円

2－3．40歳以降70歳になるまでの30年間厚生年金保険に加入して1月も切れ目なく厚生年金保険料を納めると……

　65歳から満額の老齢基礎年金約78万円をもらえます。

　さらに，65歳から老齢厚生年金（報酬比例部分）も約14万円ももらえます。

> 65歳からの老齢厚生年金（報酬比例部分）の年金額＝平均標準報酬額88,000円×5.481/1,000×厚生年金保険加入期間の月数300月＝144,698円

　なお，70歳からの老齢厚生年金（報酬比例部分）は約17万円ももらえます。

> 70歳からの老齢厚生年金（報酬比例部分）の年金額＝平均標準報酬額88,000円×5.481/1,000×厚生年金保険加入期間の月数360月（40歳から70歳になるまで）＝173,638円

　以上のとおり，**低額報酬で厚生年金保険に加入する場合であっても，厚生年金保険加入期間が長くなればなるほど，老齢厚生年金（報酬比例部分）の年金額は増えます。**

老齢厚生年金（経過的加算部分）の年金額

　老齢厚生年金（経過的加算部分）の年金額の計算式は次のとおりです。

> 老齢厚生年金（経過的加算部分）＝定額部分に相当する額[※1]－厚生年金保険加入期間から計算される老齢基礎年金の額[※2]

- （※1）1,628円×厚生年金保険加入期間の月数（上限480月）（2021年度。1946年4月2日以降生まれの人の場合の計算式）
- （※2）老齢基礎年金の満額（2021年度は780,900円）×（1961年4月1日以降で）20歳以上60歳未満の間に厚生年金保険に加入した期間の月数/480月

これから厚生年金保険に入る人の老齢厚生年金（経過的加算部分）

　これまで厚生年金保険に加入したことがない人がこれから厚生年金保険に加入すると，老齢厚生年金保険（経過的加算部分）はいくらになるでしょうか。

【事例】

　1．50歳から60歳までの10年厚生年金保険に加入すると……

> 65歳からの経過的加算部分の年金額＝1,628円×厚生年金保険加入期間の月数120月－780,900円×20歳以上60歳未満の間の厚生年金保険加入期間の月数120月／480月＝195,360円－195,225円＝135円

　2．50歳から65歳までの15年厚生年金保険に加入すると……

> 65歳からの経過的加算部分の年金額＝1,628円×厚生年金保険加入期間の月数180月－780,900円×20歳以上60歳未満の間の厚生年金保険加入期間の月数120月／480月＝293,040円－195,225円＝97,815円

　3．50歳から70歳までの20年厚生年金保険に加入すると……

> 65歳からの経過的加算部分の年金額＝1,628円×厚生年金保険加入期間の月数180月－780,900円×20歳以上60歳未満の間の厚生年金保険加入期間の月数120月／480月＝293,040円－195,225円＝97,815円

> 70歳からの経過的加算部分の年金額＝1,628円×厚生年金保険加入期間の月数240月－780,900円×20歳以上60歳未満の間の厚生年金保険加入期間の月数120月／480月＝390,720円－195,225円＝195,495円

老齢厚生年金（経過的加算部分）の年金額に報酬月額・賞与額は影響しない

　上記の計算式からわかるとおり，老齢厚生年金（経過的加算部分）の年金額には，厚生年金保険加入中の報酬月額や賞与額は影響を及ぼしません。

　65歳までに厚生年金保険加入期間が40年（480月）に満たない人が65歳以降も厚生年金保険に加入し続けると，合計40年（480月）に達するまでの65歳以降の厚生年金保険加入期間の月数（最高60月）は，70歳到達月の翌月分以降の経過的加算部分の年金額に反映します。

　同じく厚生年金保険に1月加入する場合でも，これまでとこれからの厚生年金保険加入状況によって，老齢厚生年金（経過的加算部分）の増え方は異なります。

2022年度からは，70歳までの在職中も老齢厚生年金額が増える

　2021年度現在，65歳以降の厚生年金保険加入記録を反映して老齢厚生年金が増額改定されるのは，次の2つのいずれかの時点のみです。

- 70歳になって厚生年金保険被保険者でなくなったとき（70歳になった月の翌月分の年金額から改定）
- 70歳までに退職して厚生年金保険被保険者でなくなったとき（退職した月の翌月分の年金額から改定）

　しかし，2022年度からは，65歳以降厚生年金保険に加入した記録を早期に年金額に反映させるため，65歳以降に厚生年金保険に加入して働いている人について，毎年1回10月分から老齢厚生年金額が増額改定される「在職定時改定」のしくみが導入されます。

【図表13】 在職定時改定導入前・導入後の年金額改定の違い

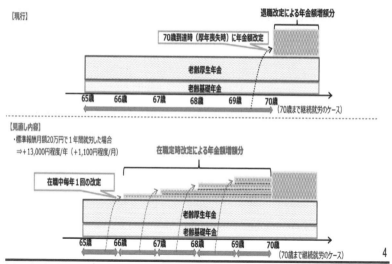

（出典）年金制度の機能強化のための国民年金法等の一部を改正する法律の概要（厚生労働省ホームページ）

加給年金額とは

厚生年金保険加入期間（共済組合等加入期間を含みます）が20年以上ある人が65歳になったときに，その人に生計を維持されている65歳未満の配偶者がいるときは，老齢厚生年金に加給年金額が加算されます。

この場合，加給年金額は年額390,500円です（2021年度。老齢厚

生年金を受ける人が1943年４月２日以降生まれの場合。特別加算額を含んだ額）。

　厚生年金保険加入期間（共済組合等加入期間を含みます）が20年以上ある人が65歳になったときに，その人に生計を維持されている次のいずれかに該当する未婚の子がいるときも，老齢厚生年金に加給年金額が加算されます。

- 18歳に達する日以後の最初の３月31日までの間にある子
- 20歳未満で障害等級１級または２級に該当する障害の状態にある子

　この場合の加給年金額は，以下のとおりです。

	加給年金額
１人目・２人目の子	各224,700円
３人目の子	各 74,900円

（注１）加給年金額における生計維持要件は，配偶者（または子）が老齢厚生年金をもらう人と同一世帯に属し，かつ，配偶者（または子）の年収・所得（一時的なものを除いた金額）が原則として次のいずれかに該当する場合です。
　　　・前年の収入（前年の収入が確定していない場合は前々年の収入）が850万円未満
　　　・前年の所得（前年の所得が確定していない場合は前々年の所得）が655.5万円未満
　　　健康保険の被扶養者認定における生計維持要件における年間収入基準（原則130万円未満・60歳以上等180万円未満）と比較すると基準額が高くなっています。
（注２）65歳到達時に老齢厚生年金額の計算の基礎となる厚生年金保険加入期間が20年未満の場合は，その後，在職定時改定，退職時改定，または70歳時改定により当該期間が20年以上となるに至ったときに，要件を満たす配偶者または子がいれば，加給年金額が加算されます。

　例えば，厚生年金保険加入期間（共済組合等加入期間を含みます）が20年以上ある人が，65歳から老齢厚生年金（報酬比例部分）をもらえるようになったときに，生計を維持しているちょうど5歳年下（60歳）の配偶者がいれば，配偶者が65歳になるまでの5年間にわたって配偶者加給年金額約40万円が加算されます。配偶者加給年金額の受給総額は，夫婦の年齢差が大きいほど多くなります。

　なお，老齢厚生年金に配偶者加給年金額が加算される要件を満たしていても，配偶者自身が20年以上厚生年金保険に加入した老齢厚生年金や，障害年金をもらえる間は，配偶者加給年金額は支給停止されます（ただし，配偶者の年金が全額支給停止となっている間は，配偶者加給年金額は加算されます）。

　（注）2022年4月1日以降は，配偶者の老齢厚生年金（厚生年金保険に20年以上加入のもの）が全額支給停止となっている間も，配偶者加給年金額は支給停止となります。
　　ただし，2022年3月31日において，配偶者の老齢厚生年金（厚生年金保険に20年以上加入のもの）が全額支給停止されているため配偶者加給年金額が加算されている人は，2022年4月1日以降も引き続き配偶者加給年金額が加算される経過措置があります。

　配偶者が65歳になると，配偶者自身が老齢基礎年金をもらえるようになります。すると，老齢厚生年金をもらえる人にそれまで扶養手当のような意味合いで加算されていた配偶者加給年金額はなくなります。

　その代わり，配偶者自身の老齢基礎年金に「振替加算」という形で一定額が加算されます（配偶者が1966年4月1日以前生まれで65歳時に生計維持されている場合のみ）。

　ただし，これから65歳になる妻につく「振替加算」の額は，配偶者加給年金額に比べてかなり少なくなります（**図表14参照**）。

【図表14】振替加算の額（2021年度）

配偶者の生年月日	振替加算の額（年額）
1956年 4 月 2 日～1957年 4 月 1 日	44,940円
1957年 4 月 2 日～1958年 4 月 1 日	38,873円
1958年 4 月 2 日～1959年 4 月 1 日	33,031円
1959年 4 月 2 日～1960年 4 月 1 日	26,964円
1960年 4 月 2 日～1961年 4 月 1 日	20,897円
1961年 4 月 2 日～1966年 4 月 1 日	15,055円

【図表15】配偶者加給年金額と振替加算

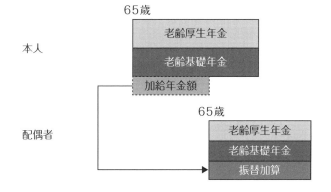

特別支給の老齢厚生年金とは

　ここまで見てきたように，公的年金に加入して保険料を納めた期間等が10年以上ある人は，65歳から老齢基礎年金をもらえます（75ページ）。

　公的年金に加入して保険料を納めた期間等が10年以上あり，そのうち 1 月でも厚生年金保険加入期間（共済組合等加入期間を含みます）があれば，65歳から老齢厚生年金ももらえます（77ページ）。

　そのほか，公的年金に加入して保険料を納めた期間等が10年以上あり，そのうち，厚生年金保険加入期間（共済組合等加入期間を含みます）が 1 年以上ある人が，次のいずれかに該当する場合は，65

歳前から「特別支給の老齢厚生年金」ももらえます。

- 1961年4月1日以前生まれの男性
- 1966年4月1日以前生まれの女性

　特別支給の老齢厚生年金の支給開始年齢は，**図表16**のとおり，生年月日・性別により異なります。

【図表16】　特別支給の老齢厚生年金の支給開始年齢

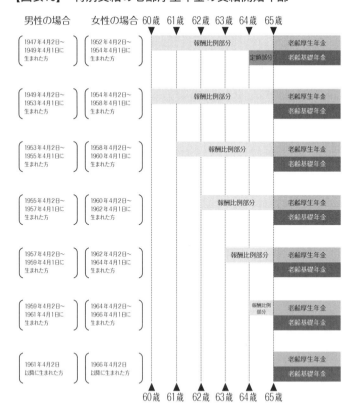

（出典）日本年金機構　「老齢年金ガイド　令和3年度版」一部修正

　なお，次のいずれかに該当する人についての特別支給の老齢厚生年金は報酬比例部分のみの年金ですので，年金額計算式は老齢厚生年金（報酬比例部分）の計算式と同じです。

- ●1949年4月2日〜1961年4月1日に生まれた男性
- ●1954年4月2日〜1966年4月1日に生まれた女性

特別支給の老齢厚生年金（報酬比例部分）＝平均標準報酬額×5.481/1,000×2003年4月以降の厚生年金保険加入期間の月数

　2003年3月以前にも厚生年金保険加入期間がある人の場合は，次のとおりです。

特別支給の老齢厚生年金（報酬比例部分）＝（平均標準報酬月額×7.125/1,000×2003年3月以前の厚生年金保険加入期間の月数）＋（平均標準報酬額×5.481/1,000×2003年4月以降の厚生年金保険加入期間の月数）

　ただし，厚生年金保険加入期間の月数は，それぞれ以下の期間を用いて算出されます。

65歳までの「特別支給の老齢厚生年金（報酬比例部分）」	生年月日・性別に応じて定められた特別支給の老齢厚生年金の支給開始年齢到達月の前月まで
65歳からの「老齢厚生年金（報酬比例部分）」	65歳到達月の前月まで

　したがって，特別支給の老齢厚生年金をもらえる人が，特別支給の老齢厚生年金の支給開始年齢到達月以降も厚生年金保険に加入すると，65歳までの特別支給の老齢厚生年金（報酬比例部分）に比べて，65歳からの老齢厚生年金（報酬比例部分）のほうが年金額が多くなります。

Ａさんの年金（65歳から）はどうなるか

45ページのＡさん（43歳）は特別支給の老齢厚生年金をもらえない世代ですので，年金をもらえるのは65歳からです。

Ａさんが65歳から老齢基礎年金・老齢厚生年金をそれぞれいくらもらえるようになるかは，これまでおよび今後65歳までの年金加入状況によります。

例えば，20歳から43歳になるまで１月も切れ目なく国民年金保険料を納付しており，事業の全部を法人化して，43歳から65歳になるまでの22年間（264月）厚生年金保険に加入し，その間の平均標準報酬額が360,000円だとすると，Ａさんが65歳からもらえる年金見込額はどうなるでしょうか（20歳未満の厚生年金保険加入期間はないものとします。また，Ａさんが65歳になったときにＢさんはＡさんに生計維持（87ページ参照）されているとします）。

老齢厚生年金（報酬比例部分）
= 平均標準報酬額360,000円×5.481/1,000×厚生年金保険加入期間の月数264月
= 520,914円

老齢厚生年金（経過的加算部分）
= 定額部分に相当する額－厚生年金保険加入期間から計算される老齢基礎年金の額
=（1,628円×厚生年金保険加入期間の月数264月）－老齢基礎年金の満額（2021年度は780,900円）×20歳以上60歳未満の間に厚生年金保険に加入した期間の月数204月/480月 = 429,792円－331,883円 = 97,909円

配偶者加給年金額＝390,500円

65歳からの老齢厚生年金
＝報酬比例部分520,914円＋経過的加算部分97,909円＋配偶者加給年金
額390,500円
＝1,009,323円

65歳からの老齢基礎年金＝満額の780,900円

65歳からの年金額（合計）
＝老齢基礎年金780,900＋老齢厚生年金1,009,323
＝1,790,223円

【図表17】65歳からの年金額：個人事業のままと事業の全部法人化の比較

		老齢年金	
ケース1 個人事業 のまま	43歳・東京都某区 本人所得420万円 配偶者有（40歳所得0円） 子1人（16歳）	【本人】 老齢基礎年金780,900円 【配偶者】 老齢基礎年金780,900円	
ケース2 事業の全 部を法人 化すると	報酬月額35万円で厚生年 金保険加入の場合 （平均標準報酬額36万円 と仮定）	【本人】 老齢基礎年金780,900円 老齢厚生年金（報酬比例部分）520,914円 （経過的加算部分）97,909円 加給年金額390,500円 （配偶者65歳まで） 【配偶者】 老齢基礎年金780,900円	

加給年金額は終身年金ではない

ここで，老齢厚生年金（報酬比例部分）や老齢厚生年金（経過的

　加算部分）は老齢基礎年金と同様，生涯もらえる「終身年金」です。

　しかし，加給年金額は，加給年金額対象者（配偶者または子）が一定年齢（配偶者なら65歳）に達するまでの間のみ老齢厚生年金に加算されるものだということも知っておきましょう。

　Ａさん夫妻は３歳違いです。Ｂさんが65歳になると，Ａさんに支給される老齢厚生年金に配偶者加給年金額は加算されなくなり，もらえる年金額は，1,399,723円（＝1,790,223 − 390,500）となります。

70歳からのＡさんの年金はどうなるか

　厚生年金保険には現在のところ最高70歳になるまで加入できます。

　Ａさんが70歳になるまでさらに60月厚生年金保険に加入し続け，70歳までの全厚生年金保険加入期間の平均標準報酬額が360,000円だとすると，70歳からの老齢厚生年金の年金額（配偶者加給年金額を除いた額）は，65歳時に比べて年額216,070円（＝118,390 ＋ 97,680）増えます。

老齢厚生年金（報酬比例部分）＝平均標準報酬額360,000円×5.481/1,000
×厚生年金保険加入期間の月数324月
＝639,304円（65歳時に比べて年額118,390円増）

老齢厚生年金（経過的加算部分）＝定額部分に相当する額 − 厚生年金
保険加入期間から計算される老齢基礎年金の額
　＝（1,628円×厚生年金保険加入期間の月数324月）− 老齢基礎年金の
　　満額（2021年度は780,900円）×20歳以上60歳未満の間に厚生年金保
　　険に加入した期間の月数204月 /480月
＝527,472円 − 331,883円
＝195,589円（65歳時に比べて年額97,680円増）

> 65歳時に比べて70歳からの老齢厚生年金の年金額（配偶者加給年金額を除いた額）は，年額216,070円（118,390円＋97,680円）増

> 70歳からの老齢厚生年金
> ＝報酬比例部分639,304円＋経過的加算部分195,589円＝834,893円

> 70歳からの老齢基礎年金＝満額の780,900円

> 70歳からの年金額（合計）
> ＝老齢基礎年金780,900＋老齢厚生年金834,893
> ＝1,615,793円

65歳以降も厚生年金保険に加入し続けることで，老齢厚生年金額を増やすことができます。

　個人事業主・フリーランスの場合，もともと65歳以降も働くつもりでいる人も多いでしょうから，法人化したとしても65歳以降も働く方が多いと思います。

　また，70歳以降も厚生年金保険に加入できるようにすることの議論・検討も，将来行われる可能性があります。

　70歳以降も厚生年金保険に加入できるようになると，さらに年金額を増やすことも可能となります。

ケース3 で厚生年金保険・健康保険に加入する場合
ミニマム法人において低額報酬で厚生年金保険に加入すると，Aさんが65歳からもらえる年金額はどうなるか

　Aさん（43歳）が20歳から43歳になるまで1月も切れ目なく国民年金保険料を納付しており，43歳から65歳になるまでの22年間（264月）厚生年金保険に加入し，その間の平均標準報酬額が88,000円だった場合，65歳からもらえる年金見込額はどうなるでしょうか

（20歳未満の厚生年金保険加入期間はないものとします。また，A
さんが65歳になったときにBさんはAさんに生計維持（87ページ
参照）されているとします）。

老齢厚生年金（報酬比例部分）
＝平均標準報酬額88,000円×5.481/1,000×厚生年金保険加入期間の月
　数264月＝127,335円

老齢厚生年金（経過的加算部分）
＝定額部分に相当する額－厚生年金保険加入期間から計算される老齢
　基礎年金の額
＝（1,628円×厚生年金保険加入期間の月数264月）－老齢基礎年金の
　満額（2021年度は780,900円）×20歳以上60歳未満の間に厚生年金保
　険に加入した期間の月数204月/480月
＝429,792 円－331,883円＝97,909円

配偶者加給年金額＝390,500円

65歳からの老齢厚生年金
＝報酬比例部分127,335円＋経過的加算部分97,909円＋配偶者加給年金
　額390,500円＝615,744円

65歳からの老齢基礎年金＝満額の780,900円

65歳からの年金額（合計）
＝老齢基礎年金780,900円＋老齢厚生年金615,744円
＝1,396,644円

　ただし，Bさんが65歳になったら配偶者加給年金額が支給されな
くなりますので，Aさんの年金額（合計）は1,006,144（＝1,396,644
－390,500）円となります。

【図表18】65歳からの年金額：ケース1, ケース2, ケース3 比較

		老齢年金	
ケース1 個人事業 のまま	43歳・東京都某区 本人所得420万円 配偶者有（40歳所得0円） 子1人（16歳）	【本人】　　　　老齢基礎年金780,900円	
		【配偶者】　　　老齢基礎年金780,900円	
ケース2 事業の全 部を法人 化すると	報酬月額35万円で厚生 年金保険加入の場合 （平均標準報酬額36万円 と仮定）	【本人】　　　　老齢基礎年金780,900円	
		老齢厚生年金（報酬比例部分）520,914円 　　　　　　（経過的加算部分）97,909円 加給年金額390,500円　（配偶者65歳まで）	
		【配偶者】　　　老齢基礎年金780,900円	
ケース3 事業の一 部を法人 化すると	報酬月額6万円で厚生 年金保険加入の場合 （平均標準報酬額8.8万円 と仮定）	【本人】　　　　老齢基礎年金780,900円	
		老齢厚生年金（報酬比例部分）127,335円 　　　　　　（経過的加算部分）97,909円 加給年金額390,500円　（配偶者65歳まで）	
		【配偶者】　　　老齢基礎年金780,900円	

低額報酬で厚生年金保険に加入すると，70歳からＡさんがもらえる年金額はどうなるか

　Ａさんが70歳になるまでさらに60月厚生年金保険に加入し続け，70歳までの全厚生年金保険加入期間の平均標準報酬額が88,000円だとすると，70歳からの老齢厚生年金の年金額（配偶者加給年金額を除いた額）は，65歳時に比べて年額126,739円（＝28,939＋97,800）増えます。

老齢厚生年金（報酬比例部分）
＝平均標準報酬額88,000円×5.481/1,000×厚生年金保険加入期間の月数324月＝156,274円（65歳時に比べて年額28,939円増）

老齢厚生年金（経過的加算部分）
＝定額部分に相当する額－厚生年金保険加入期間から計算される老齢基礎年金の額
＝（1,628円×厚生年金保険加入期間の月数324月）－老齢基礎年金の満額（2021年度は780,900円）×20歳以上60歳未満の間に厚生年金保険に加入した期間の月数204月/480月
＝527,472円－331,883円＝195,589円（65歳時に比べて年額97,680円増）

65歳時に比べて70歳からの老齢厚生年金の年金額（配偶者加給年金額を除いた額）は，年額126,619円（28,939円＋97,680円）増

70歳からの老齢厚生年金
＝報酬比例部分156,274円＋経過的加算部分195,589円＝351,863円

70歳からの老齢基礎年金＝満額の780,900円

70歳からの年金額（合計）
＝老齢基礎年金780,900＋老齢厚生年金351,863
＝1,132,763円

老齢基礎年金や老齢厚生年金（経過的加算部分），加給年金額は低額報酬でも変わらない

試算結果からわかるとおり，厚生年金保険加入期間の平均標準報酬額が下がると，老齢厚生年金（報酬比例部分）額は少なくなります。

一方，老齢基礎年金は20歳から60歳になるまでの間の，公的年金に加入して保険料を納めた期間の月数によって計算されるのが原則です。

老齢厚生年金（経過的加算部分）は，20歳以上60歳未満の間の厚生年金保険に加入した月数，および，20歳前・60歳以降も含めて厚生年金保険に加入した期間の月数（上限480月）により計算されます。また，加給年金額は定額です。

つまり，**老齢基礎年金や，老齢厚生年金（経過的加算部分），加給年金額の計算には厚生年金保険加入中の報酬月額・賞与額は影響を及ぼしません。**

したがって，低額報酬で厚生年金保険に加入した場合も，高額報酬で加入した場合と同じ額を受給できます。

厚生年金保険加入中の厚生年金保険の標準報酬月額がずっと88,000円なら，負担すべき厚生年金保険料は，標準報酬月額360,000円の場合の約24％相当額にすぎません（88,000円÷360,000円）。

しかし，Aさんのケースでは，平均標準報酬額88,000円で65歳から（Bさんが65歳になるまでの間）もらえる老齢厚生年金（配偶者加給年金額を含む）額は，平均標準報酬額360,000円の場合の約61％（615,744÷1,009,323円）です。

　70歳からもらえる老齢厚生年金額は，平均標準報酬額報酬月額360,000円の場合の約42%（351,863円÷834,893円）です。

　このように，これまでの厚生年金保険加入期間がないか少ない人が低額報酬で厚生年金保険に加入すると，高額報酬で厚生年金保険に加入する場合に比べて老齢厚生年金の費用対効果（負担額に対する給付額の割合）が高くなります。

~ *Column* ~
経過的加算部分と「ねんきん定期便」

　老齢厚生年金（経過的加算部分）は，厚生年金保険法附則（昭和60年5月1日法律第34号）第59条第2項において，「当分の間」加算するとされたものです。

　特別支給の老齢厚生年金（89ページ）を受け取っていた人が65歳から受け取る老齢基礎年金は，特別支給の老齢厚生年金の定額部分に代えて受け取ることになりますが，当面は次の2つの理由から，定額部分のほうが老齢基礎年金よりも高額になるため，差額分の年金額を補うために支給されることとなったものです。

●定額部分の単価（2021年度は1,628円）のほうが，老齢基礎年金の加入1月あたりの単価（2021年度は1,626.875円）よりも高いこと
●1961年4月1日前の厚生年金保険加入期間や20歳前・60歳以降の厚生年金保険加入期間は，老齢基礎年金額に反映しないこと

　2021年度以降特別支給の老齢厚生年金を受ける人は，男女とも定額部分は受給できず報酬比例部分のみを受給するのが原則です（90ページ図表16参照）。
　しかし，生年月日・性別からすると特別支給の老齢厚生年金として報酬比例部分のみを受給できる人が，例えば，民間会社勤務期間のみで厚生年金保険に44年（528月）以上加入し，現

在は厚生年金保険被保険者資格を喪失しているのであれば，報酬比例部分だけでなく定額部分（および要件を満たせば加給年金額）も受給できる「長期加入者の特例」があります。

生年月日・性別からすると特別支給の老齢厚生年金として報酬比例部分のみを受給できる人が，障害等級3級以上の障害状態にあり，現在は厚生年金保険被保険者資格を喪失している場合も，報酬比例部分だけでなく定額部分（および加給年金額）も受給できます。

また，厚生年金保険加入期間のうち坑内員や船員であった期間が15年以上ある人も，報酬比例部分だけでなく定額部分（および加給年金額）も受給できます（1954年4月2日以降生まれの人は，報酬比例部分・定額部分とも一般厚生年金を受給する女性と同様の支給開始年齢からもらえます。例えば，1958年4月2日から1960年4月1日までの間に生まれた人なら，61歳支給開始です）。

1961年4月2日以降生まれの男性，1966年4月2日以降生まれの女性，1966年4月2日以降生まれで坑内員・船員であった厚生年金保険加入期間が15年以上の人には，特別支給の老齢厚生年金は支給されません。

なお，毎年誕生月に日本年金機構から郵送されてくる「ねんきん定期便」には，50歳以上60歳以下であれば，現在加入している年金制度に60歳まで加入したと仮定した場合の年金見込額が記載されています。

そして，65歳から老齢厚生年金をもらえる人に対しては，50歳以降の誕生月に届く「ねんきん定期便」において，老齢基礎年金の見込額だけでなく老齢厚生年金（報酬比例部分）および

老齢厚生年金（経過的加算部分）の内訳見込額も記載されています。

　本書では，現在50歳未満の A さんの事例についても，経過的加算部分の年金見込額を記載しました。

~ *Column* ~

65歳からの年金を繰り下げて年金額を増やすこともできる

　65歳からの老齢基礎年金・老齢厚生年金は，もらいはじめるのを66歳以降に繰り下げることもできます。

　1月繰り下げるごとに0.7％，年金額が一生涯増額されます。

　例えば，70歳まで5年間（60月）繰り下げると，原則どおり65歳から受給する場合と比べて，1.42倍に増額された年金を一生受給できます。

> 70歳まで繰り下げた場合の繰下げ増額率
> ＝繰下げ月数60月×0.7％＝42％

【事例】

　65歳時の老齢基礎年金・老齢厚生年金の合計額（加給年金額を除いた額）が100万円の人が，老齢基礎年金・老齢厚生年金を70歳まで繰り下げたら，合計142万円の年金を一生受け取れます。

> 70歳からの年金額＝65歳時の年金額100万円×1.42＝142万円

　老齢基礎年金・老齢厚生年金の両方を繰り下げることもできますし，どちらか片方の年金だけを繰り下げることもできます。

　老齢基礎年金・老齢厚生年金の両方を繰り下げる場合は，それぞれの年金を何歳何か月まで繰り下げるかをそれぞれ自由に選べます（どちらの年金も，66歳から70歳までの間で希望する月まで繰下げできます）。

　なお，老齢厚生年金を繰り下げても加給年金額は増額されません。

　老齢厚生年金を繰り下げるつもりで待機している間は加給年金額は支給されません。

　老齢厚生年金を繰り下げるつもりで待機している間に配偶者が65歳になると，配偶者加給年金額はもらえなくなります。

　したがって，配偶者加給年金額をもらえる人は，老齢厚生年金の繰下げよりも老齢基礎年金の繰下げのほうが優先度が高いです。

　ただし，老齢基礎年金・老齢厚生年金は雑所得として所得税・住民税の課税対象となります。

　年金額によっては，税引き後の手取り金額の増額率は，1月あたり0.7％に満たなくなることがあります。年金を繰り下げて所得が増えることによって，介護保険料や国民健康保険料・後期高齢者医療制度の保険料が増える可能性もあります。

　また，66歳になるまでに遺族年金など「他の年金」をもらえるようになった人は繰下げできません。

今後は75歳までの繰下げも選べるようになる

　2021年度現在は最高70歳までしか繰り下げられませんが，2022年4月以降は最高75歳まで繰り下げて年金額を65歳時の1.84倍に増額することもできるようになります（2022年4月1日以降に70歳になる人，つまり，1952年4月2日以降生まれの人が対象）。

75歳まで繰り下げた場合の繰下げ増額率
＝繰下げ月数120月×0.7％＝84％

【事例】

　65歳時の老齢基礎年金・老齢厚生年金の合計額（加給年金額を除いた額）が100万円の人が，老齢基礎年金・老齢厚生年金を75歳まで繰下げたら，合計184万円の年金を一生受け取れます。

75歳からの年金額＝100万円×1.84＝184万円

老齢厚生年金の在職支給停止分は，繰り下げても増額されない

　なお，年金と報酬・賞与との調整のしくみ（在職老齢年金制度。201ページ参照）によって老齢厚生年金（報酬比例部分）が支給停止となるような報酬設定で働いている人が老齢厚生年金を繰り下げた場合は，老齢厚生年金を繰り下げることによって年金額が増額されるのは，在職老齢年金制度によって支給停止されない分のみとなります。

　65歳からの老齢厚生年金を66歳以降に繰り下げて年金額を増やしたい場合は，65歳になる前に老齢厚生年金が支給停止とならないような報酬設定に変更しておく必要があります。

65歳からの年金を繰り上げると，年金額が減額される

　一方，65歳からの老齢基礎年金・老齢厚生年金をともに65歳前からもらいはじめる繰上げ制度もあります。

　1月繰り上げるごとに0.5％，年金額が一生涯減額されます。

　例えば，1961年4月2日以降生まれの男性，または，1966年4月2日以降生まれの女性が，65歳からの老齢基礎年金・老齢厚生年金（合計100万円）を5年間（60月）繰り上げて60歳から受給すると，65歳から受給する場合と比べて，30％減額された年金（合計70万円）を一生受給することとなります。

・繰上げ減額率＝繰上げ月数60月×0.5％＝30％

・60歳からの年金額＝100万円×0.7＝70万円

　特別支給の老齢厚生年金をもらえない世代の人が繰上げする場合は，老齢基礎年金・老齢厚生年金を一緒に繰り上げることしかできず，どちらか片方の年金だけを繰り上げることはできません。

【比較】
　特別支給の老齢厚生年金を61歳以降からもらえる世代の人が，特別支給の老齢厚生年金をもらえる年齢になる月の前月までの間に繰上げ請求する場合も，老齢基礎年金・老齢厚生年金を一緒に繰り上げることしかできず，どちらか片方の年金だけを繰り上げることはできません。
　この世代の人が，特別支給の老齢厚生年金をもらえる年齢になる月以降65歳になるまでの間に繰上げ請求する場合は，老齢厚生年金は繰上げできず，老齢基礎年金のみを繰り上げることとなります。

　年金額が一生減額される以外にも，繰上げには次のようなデメリットがあります。
　　・いったん繰り上げると，後で取り消すことができない
　　・障害の程度が悪化しても障害基礎年金を受給できない
　　・厚生年金保険加入をやめても，国民年金に任意加入できない
　　など

　また，繰上げをする人に加給年金額の対象となる配偶者や子がいても，老齢厚生年金をもらう本人が65歳になるまでは加給

年金額は支給されません。

　なお，2022年４月以降は，１月繰り上げた場合の減額率が0.5％から0.4％に緩和されます（2022年４月１日以降に60歳になる人，つまり，1962年４月２日以降生まれの人が対象）。

配偶者の老齢年金について

ケース1 個人事業主・フリーランスとして国民年金・国民健康保険に加入する場合

Aさんが国民年金に加入していると，配偶者Bさんの年金はどうなるか

　日本国内に住んでいる20歳以上60歳未満の人は，厚生年金保険に加入している人（国民年金の第2号被保険者）や第2号被保険者の被扶養配偶者（国民年金の第3号被保険者）を除いて，国民年金の第1号被保険者となります。

　第1号被保険者は国民年金保険料を負担する必要があります。

　2021年度の国民年金保険料は，1人あたり月額16,610円です。

　Aさん夫妻のように，ともに20歳以上60歳未満で，世帯主が個人事業主・フリーランスで配偶者が専業主婦のケースでは，夫婦二人とも国民年金の第1号被保険者ですので，夫婦ともに，国民年金保険料が60歳になるまでかかります。

　所得のない配偶者についても60歳になるまで毎月国民年金保険料がかかるのです（国民年金保険料は，世帯主や配偶者の一方に納付すべき連帯責任があります）。

　Aさんと同様に，配偶者Bさん（40歳）も，20歳から60歳になるまでの40年間切れ目なく公的年金に加入して保険料を納めれば，65歳から満額の老齢基礎年金を受給できます。

　例えば，Bさんが20歳から現在に至るまで切れ目なく国民年金保険料を納付してきたとしたら，今後も60歳になるまで切れ目なく国民年金保険料を納めることで，65歳から満額の老齢基礎年金（2021年度は780,900円）を受給できます。

ケース2 個人事業の全部を法人化して厚生年金保険・健康保険に
加入する場合

Ａさんが厚生年金保険に加入すると，配偶者Ｂさんの年金はどうなるか

　Ａさん（43歳）が法人の代表者・役員として厚生年金保険に加入すると，Ａさんは，厚生年金保険の被保険者兼国民年金の第2号被保険者となります。そして，第2号被保険者の被扶養配偶者で20歳以上60歳未満のＢさんは国民年金の第3号被保険者となります。

　第3号被保険者には国民年金保険料は一切かかりません。
　しかし，第3号被保険者期間は，第1号被保険者として国民年金保険料を全額納付した期間と同じだけ，第3号被保険者が65歳からもらえる老齢基礎年金の年金額に反映します。
　つまり，**第3号被保険者期間は，年金保険料負担0円であるにもかかわらず，公的年金に加入して保険料を納めた期間として取り扱われるため，100％老齢基礎年金額に反映します**（第3号被保険者期間も含めて公的年金に加入して保険料を納めた期間等が10年以上ある場合に限ります）。

　Ｂさんが，20歳以降Ａさんが厚生年金保険に加入し始めるまで切れ目なく国民年金保険料を納めてきたのであれば，今後Ｂさんが60歳になるまでの間Ａさんが厚生年金保険に加入し続けることによって，Ｂさんは今後年金保険料を納めなくても，**ケース1**と同様，65歳から満額の老齢基礎年金を受給できます。

　第3号被保険者は，年金のしくみ上優遇された立場といえます。

ケース3 個人事業の一部を法人化して，ミニマム法人で厚生年金
保険・健康保険に加入する場合

　20歳以上60歳未満の被扶養配偶者（Bさん）が国民年金の第1号
被保険者から第3号被保険者になる，というメリットは，厚生年金
保険被保険者（Aさん）の報酬月額・賞与額が低いことだけによっ
て生じなくなるわけではありません。

　ですから，「個人事業＋ミニマム法人」形態でAさんが低額報酬
で厚生年金保険に加入したとしても，年収0円で生計の基礎をA
さんに置くBさんは，国民年金の第3号被保険者となることがで
きます。
　そして，負担すべき厚生年金保険料と夫婦の老齢年金受給額合計
とを比較すると，ケース2 よりも費用対効果が高くなります。

■ 障害年金について

ケース1 個人事業主・フリーランスとして国民年金・国民健康保
険に加入する場合

障害基礎年金は，個人事業主・フリーランスも，病気やケガが原因で障害が残ったときにもらえる年金

　国民年金の被保険者期間中に初診日のある病気やケガが原因で，
障害認定日（原則として初診日から1年6か月経った日）に障害等
級（障害の程度が重い順に1級，2級）に該当すると，障害基礎年
金が支給されます（20歳前や日本国内に住んでいる60歳以上65歳未
満の間で公的年金に加入していない期間に初診日があるケースの障
害基礎年金もあります）。

障害基礎年金は，初診日の前日において次の保険料納付要件のいずれかを満たしている場合にのみ支給されます（20歳前の公的年金制度に加入していない期間に初診日がある場合は，保険料納付要件はありません）。

① 初診日のある月の前々月までの公的年金加入期間のうち3分の2以上の期間について保険料を納めたか免除（保険料納付猶予・学生納付特例を含む）を受けたこと
② 初診日において65歳未満で，初診日のある月の前々月までの1年間に年金保険料未納期間がないこと（初診日が2026年4月1日前にある場合の特例）

支給額（年額。2021年度）

| 障害基礎年金1級 | 976,125円（＋子の加算） |
| 障害基礎年金2級 | 780,900円（＋子の加算） |

次のいずれかに該当する未婚の子の生計を維持している間は，障害基礎年金（1級または2級）に，子の人数×224,700円が加算されます（3人目の子からは子の人数×74,900円のみ加算されます）。

● 18歳に達する日以後の最初の3月31日までの間にある子
● 20歳未満で障害等級1級または2級に該当する障害の状態にある子

全ての子がいずれにも該当しなくなったら，子の加算は支給されなくなります。

【事例】
Aさん（43歳。子はCさん16歳1人のみ。保険料納付要件を

満たしているとします）がもし国民年金に加入している今，休日にスキーをしていて自ら転倒したことが原因で大ケガをし，障害認定日に障害等級２級に該当したとしたら，Ａさんには1,005,600円（障害基礎年金780,900円＋子の加算224,700円）の年金が支給されます。

		障害年金・手当金
個人事業のまま	43歳・東京都某区 本人所得420万円 配偶者有（40歳所得０円） 子１人（16歳）	【障害等級１級】障害基礎年金976,125円 子の加算224,700円
		【障害等級２級】障害基礎年金780,900円 子の加算224,700円

　障害等級２級の状態が続く限り障害基礎年金780,900円は支給されますが，Ｃさんが18歳に達する日以後の最初の３月31日を過ぎると，それまでにＣさんが障害等級１級または２級に該当していない限り，子の加算224,700円は支給されなくなります。

　病気やケガが原因で障害が残り生活や仕事などが制限されるようになったとき，国民年金から支給される障害基礎年金だけでは所得保障としては不十分だと感じる方もいらっしゃるかもしれません。

保険料納付要件は事前に満たしておく必要がある

　万一，112ページの保険料納付要件の①も②も満たしていない場合は，直近２年分の国民年金保険料についてはまだ時効にかかっていないため納めることができますので，病気やケガをする前に，いますぐ支払っておかれることをおすすめします。

　なぜなら，保険料納付要件は，初診日の前日において満たしている必要があるからです。

　初診日の前日において保険料納付要件を満たしていなかった人が，

初診日以降になってから，それまで未納だった分の保険料を支払っ
たとしても，保険料納付要件を満たしたことにはならず障害基礎年
金は支給されません。

　なお，本人・世帯主・配偶者の前年の所得が一定額以下の場合な
ど国民年金保険料を納めることが経済的に困難な場合は保険料免除
の制度があります。該当する場合は，保険料を未納のまま放置する
のではなく，免除を受けて保険料納付要件を満たしておくことが重
要です。
　50歳未満で本人・配偶者の前年の所得が一定額以下の場合に利用
できる保険料納付猶予制度もあります。これらの申請先は市町村の
国民年金担当窓口です。

$\boxed{\text{ケース2}}$ 個人事業の全部を法人化して厚生年金保険・健康保険に
加入する場合

厚生年金保険加入中に初診日のある病気・ケガに対しては障害厚生年金・障害手当金もある

　厚生年金保険加入中に初診日のある病気やケガが原因で障害認定
日（原則として初診日から1年6か月経った日）に障害等級（障害
の程度が重い順に，1級，2級，または3級）に該当すると，障害
厚生年金が支給されます。
　また，厚生年金保険加入中に初診日のある病気・ケガが初診日か
ら5年以内に治り（症状が固定），治った日において3級よりもや
や程度の軽い障害が残ったときに支給される障害手当金（一時金）
もあります。
　障害厚生年金や障害手当金についても，障害基礎年金と同様の保
険料納付要件を満たしている必要があります。

現在，国民年金に加入している個人事業主・フリーランスが，厚生年金保険に加入した直後に初診日のある病気やケガで障害等級に該当した場合であっても，保険料納付要件を満たしており，支給要件をみたせば，障害厚生年金や障害手当金が支給されます。

支給額（障害厚生年金は年額。障害手当金は一時金額。2021年度）

障害厚生年金1級	報酬比例部分の年金額×1.25（＋配偶者加給年金額224,700円）
障害厚生年金2級	報酬比例部分の年金額（＋配偶者加給年金額224,700円）
障害厚生年金3級	報酬比例部分の年金額（最低保障額585,700円）
障害手当金	報酬比例部分の年金額×2（最低保障額1,171,400円）

　障害等級1級または2級の障害厚生年金をもらえる人に，生計を維持している65歳未満の配偶者がいる場合は，配偶者加給年金額が加算されます。

　ただし，老齢厚生年金に加算される配偶者加給年金額の支給停止（88ページ）と同じ事由により支給停止されます。

　国民年金の障害基礎年金は障害等級1級・2級しかありませんが，厚生年金保険の障害厚生年金には障害等級1級・2級以外に障害等級3級や，3級よりも障害の程度が軽い状態に対する障害手当金もあります。

　障害等級1級または2級で，障害基礎年金も障害厚生年金ももらえる人は，障害基礎年金と障害厚生年金を両方受給できます。

　障害厚生年金の年金額や障害手当金の額は，特別支給の老齢厚生年金（報酬比例部分）や老齢厚生年金（報酬比例部分）と同様の「報酬比例部分の年金」の計算式を用いて算出されます。

> 報酬比例部分の年金
> ＝平均標準報酬額×5.481/1,000×2003年 4 月以降の厚生年金保険加入
> 　期間の月数

　2003年 3 月以前にも厚生年金保険加入期間がある人の場合は，次のとおりです。

> 報酬比例部分の年金
> ＝（平均標準報酬月額×7.125/1,000×2003年 3 月以前の厚生年金保険
> 　加入期間の月数）＋（平均標準報酬額×5.481/1,000×2003年 4 月以降
> 　の厚生年金保険加入期間の月数）

障害厚生年金では厚生年金保険加入期間に300月の最低保障がある

　障害厚生年金・障害手当金の額（報酬比例部分の年金額）を計算する際の厚生年金保険加入期間は，障害認定日がある月までが用いられ，300月の最低保障があります。

　したがって，厚生年金保険に加入してすぐに初診日がある病気やケガが原因で障害厚生年金または障害手当金をもらえることとなった場合でも，厚生年金保険加入期間の月数を300月として計算されます。

　つまり，障害認定月までに厚生年金保険に25年加入したものとして計算された障害厚生年金・障害手当金が支給されるということです。

【事例 1 】
　Ａさん（43歳）が厚生年金保険に加入直後に初診日のある病気やケガが原因で障害等級に該当したり，障害手当金をもらえる障害の状態に該当したら……（平均標準報酬額360,000円の場合）

（配偶者Bさんは40歳，子Cさん16歳は障害等級1級・2級に該当しない）

＜Aさんの障害等級が1級の場合＞

障害基礎年金1級	976,125円＋子の加算224,700円＝1,200,825円
障害厚生年金1級	739,935円＋配偶者加給年金額224,700円＝964,635円
障害厚生年金1級（配偶者加給年金額を除いた部分）の計算式	報酬比例部分の年金額（平均標準報酬額360,000円×5.481/1,000×厚生年金保険加入期間の月数300月）×1.25＝739,935円
合計年金額	2,165,460円 Cさんが18歳到達後の最初の3月31日に到達してからは子の加算224,700円がなくなるため1,940,760円 Bさんが65歳になると，配偶者加給年金額224,700円もなくなるため，1,716,060円

＜Aさんの障害等級が2級の場合＞

障害基礎年金2級	780,900円＋子の加算224,700円＝1,005,600円
障害厚生年金2級	591,948円＋配偶者加給年金224,700円＝816,648円
障害厚生年金2級（配偶者加給年金額を除いた部分）の計算式	報酬比例部分の年金額＝平均標準報酬額360,000円×5.481/1,000×厚生年金保険加入期間の月数300月＝591,948円
合計年金額	1,822,248円 Cさんが18歳到達後の最初の3月31日に到達してからは子の加算224,700円がなくなるため1,597,548円 Bさんが65歳になると，配偶者加給年金額224,700円もなくなるため，1,372,848円

＜Ａさんの障害等級が３級の場合＞

障害厚生年金３級	報酬比例部分の年金額＝平均標準報酬額360,000円×5.481/1,000×厚生年金保険加入期間の月数300月＝591,948円

＜障害手当金の支給要件に該当した場合＞

障害手当金 （一時金）	報酬比例部分の年金額591,948円×２＝1,183,896円

【図表19】Ａさんの障害年金：個人事業のままと事業の全部法人化の比較

		障害年金・手当金（本人が障害の場合）
ケース1 個人事業 のまま	43歳・東京都某区 本人所得420万円 配偶者有（40歳所得０円） 子１人（16歳）	【障害等級１級】障害基礎年金976,125円 子の加算224,700円
		【障害等級２級】障害基礎年金780,900円 子の加算224,700円
ケース2 事業の全部 を法人化 すると	報酬月額35万円で厚生年金保険加入の場合 （平均標準報酬額36万円と仮定）	【障害等級１級】障害基礎年金976,125円 子の加算224,700円
		障害厚生年金739,935円 加給年金額224,700円（配偶者65歳まで）
		【障害等級２級】障害基礎年金780,900円 子の加算224,700円
		障害厚生年金591,948円 加給年金額224,700円（配偶者65歳まで）
		【障害等級３級】 障害厚生年金591,948円
		【３級より軽度の障害】 障害手当金1,183,896円

ケース3 個人事業の一部を法人化して，ミニマム法人で厚生年金
保険・健康保険に加入する場合

低額報酬で厚生年金保険に加入しているとどうなるか

　障害厚生年金・障害手当金の額には厚生年金保険加入期間の月数
だけでなく，加入期間中の報酬月額・賞与額も反映します。

　したがって，低額報酬で厚生年金保険に加入した場合，障害厚生
年金・障害手当金の額（報酬比例部分の年金額）はそれほど多くは
ありません。

　しかし，配偶者加給年金額は厚生年金保険加入中の報酬月額・賞
与額によらず定額です。（障害等級1級または2級に該当していれ
ば）配偶者加給年金額は，生計を維持している配偶者が65歳になる
までの間支給されます。

　また，障害厚生年金3級や障害手当金には最低保障額があります。

【事例2】
　Aさん（43歳）が厚生年金保険に加入直後に初診日のある病気やケガ
が原因で障害等級に該当したり，障害手当金をもらえる障害の状態に
該当したら……（平均標準報酬額88,000円の場合）
　（配偶者Bさんは40歳，子Cさん16歳は障害等級1級・2級に該当
しない）

　＜Aさんの障害等級が1級の場合＞

| 障害基礎年金1級 | 976,125円＋子の加算224,700円＝1,200,825円 |
| 障害厚生年金1級 | 180,873円＋配偶者加給年金額224,700円＝405,573円 |

障害厚生年金1級（配偶者加給年金額を除いた部分）の計算式	報酬比例部分の年金額（平均標準報酬額88,000円×5.481/1,000×厚生年金保険加入期間の月数300月）×1.25＝180,873円
合計年金額	1,606,398円 Cさんが18歳到達後の最初の3月31日に到達してからは子の加算224,700円がなくなるため1,381,698円 Bさんが65歳になると，配偶者加給年金額224,700円もなくなるため，1,156,998円

＜Aさんの障害等級が2級の場合＞

障害基礎年金2級	780,900円＋子の加算224,700円＝1,005,600円
障害厚生年金2級	144,698円＋配偶者加給年金額224,700円＝369,398円
障害厚生年金2級（配偶者加給年金額を除いた部分）の計算式	報酬比例部分の年金額＝平均標準報酬額88,000円×5.481/1,000×厚生年金保険加入期間の月数300月＝144,698円
合計年金額	1,374,998円 Cさんが18歳到達後の最初の3月31日に到達してからは子の加算224,700円がなくなるため1,150,298円 Bさんが65歳になると，配偶者加給年金額224,700円もなくなるため，925,598円

＜Aさんの障害等級が3級の場合＞

障害厚生年金3級	報酬比例部分の年金額＝平均標準報酬額88,000円×5.481/1,000×厚生年金保険加入期間の月数300月＝144,698円→最低保障額585,700円

＜障害手当金の支給要件に該当した場合＞

障害手当金（一時金）	報酬比例部分の年金額144,698円×2＝289,396円→最低保障額1,171,400円

【図表20】 A さんの障害年金：ケース1, ケース2, ケース3比較

		障害年金・手当金（本人が障害の場合）
ケース1 個人事業 のまま	43歳・東京都某区 本人所得420万円 配偶者有（40歳所得0円） 子1人（16歳）	【障害等級1級】障害基礎年金976,125円 子の加算224,700円
		【障害等級2級】障害基礎年金780,900円 子の加算224,700円
ケース2 事業の全部 を法人化 すると	報酬月額35万円で厚生 年金保険加入の場合 （平均標準報酬額36万円 と仮定）	【障害等級1級】障害基礎年金976,125円 子の加算224,700円
		障害厚生年金739,935円 加給年金額224,700円（配偶者65歳まで）
		【障害等級2級】障害基礎年金780,900円 子の加算224,700円
		障害厚生年金591,948円 加給年金額224,700円（配偶者65歳まで）
		【障害等級3級】 障害厚生年金591,948円
		【3級より軽度の障害】 障害手当金1,183,896円
ケース3 事業の一部 を法人化 すると	報酬月額6万円で厚生 年金保険加入の場合 （平均標準報酬額8.8万円 と仮定）	【障害等級1級】障害基礎年金976,125円 子の加算224,700円
		障害厚生年金180,873円 加給年金額224,700円（配偶者65歳まで）
		【障害等級2級】障害基礎年金780,900円 子の加算224,700円
		障害厚生年金144,698円 加給年金額224,700円（配偶者65歳まで）
		【障害等級3級】 障害厚生年金585,700円（最低保障額）
		【3級より軽度の障害】 障害手当金1,171,400円（最低保障額）

（注1）60歳台前半で，老齢年金をもらえる権利と障害年金をもらえる権利が生じた場合，老齢年金と障害年金の両方をもらうことはできません。どちらか一方を選択してもらうこととなります。

（注2）65歳までに障害等級2級以上となった場合，65歳からは，次の3つからもらい方を選べます（引き続き障害等級2級以上の場合）。
・老齢基礎年金＋老齢厚生年金
・障害基礎年金＋障害厚生年金
・障害基礎年金＋老齢厚生年金

（注3）障害基礎年金・障害厚生年金の障害等級と，身体障害者手帳の等級とは異なります。

（注4）老齢年金は雑所得として課税対象ですが，障害年金・障害手当金は非課税です。

（注5）年金をもらえる人は障害手当金をもらえません。

厚生年金保険に入っていない間に初診日がある病気やケガが原因で一定の障害の状態に該当しても，障害厚生年金や障害手当金はもらえませんが，厚生年金保険に入っている間に初診日がある病気やケガが原因で一定の障害の状態に該当した場合は，障害厚生年金や障害手当金がもらえます。

個人事業主・フリーランスの障害給付は障害基礎年金しかないことと比べると，障害厚生年金や障害手当金も準備されるようになることは，厚生年金保険加入の大きなメリットといえます。

なお，障害厚生年金・障害手当金は，厚生年金保険加入期間の月数が300月に満たないときは300月として給付額が計算されます。

障害厚生年金（1級・2級）に付く配偶者加給年金額や障害厚生年金3級・障害手当金の最低保障額は，厚生年金保険加入中の報酬月額・賞与額とは関係がありません。

したがって，低額報酬であっても厚生年金保険に加入するメリットは，障害給付においてもあるといえるでしょう。

　最後に，障害年金の対象となる病気やケガには，下記①のほか，②や③も含まれます。

① 外部障害：眼，聴覚，肢体（手足など）の障害など
② 精神障害：統合失調症，うつ病，認知障害，てんかん，知的障害，発達障害など
③ 内部障害：呼吸器疾患，心疾患，腎疾患，肝疾患，血液・造血器疾患，糖尿病，がんなど

■ 遺族年金について

ケース1 個人事業主・フリーランスとして国民年金・国民健康保険に加入する場合

個人事業主・フリーランスが亡くなったときの死亡保障（「子」がいる場合）

　個人事業主・フリーランスの死亡保障の中心は遺族基礎年金です。

　遺族基礎年金は，死亡日において次のいずれかに該当していた人が死亡したときに支給されます。

① 国民年金の被保険者
② 国民年金の被保険者であった人で，日本国内に住所を有する60歳以上65歳未満の人
③ 公的年金に加入して保険料を納めた期間等が合計25年以上ある人

遺族基礎年金についても保険料未納に注意が必要

　上記③の場合を除き，遺族基礎年金が支給されるためには，死亡日の前日において次の保険料納付要件のいずれかを満たしている必要があります。

- 死亡日のある月の前々月までの公的年金加入期間のうち3分の2以上の期間について保険料を納めたか免除（保険料納付猶予・学生納付特例を含む）を受けたこと
- 死亡日において65歳未満で，死亡日のある月の前々月までの1年間に保険料未納期間がないこと（死亡日が2026年4月1日前の場合の特例）

　なお，③の要件を満たしていない人が亡くなった場合は，保険料納付要件を事前に満たしておかないと遺族基礎年金は支給されません。

　万一の際に保険料納付要件を満たしているように，国民年金保険料を未納のまま放置するのではなく，納付するか免除などを受けておくことが重要です。

　また，遺族基礎年金をもらえる遺族は，亡くなった人の死亡の当時その人によって生計を維持されていた，次のいずれかの人に限られます。

①：次のいずれかに該当する未婚の子と生計を同じくする配偶者
②：次のいずれかに該当する未婚の子

- 18歳に達する日以後の最初の3月31日までの間にある子
- 20歳未満で障害等級1級または2級に該当する障害の状態にある子

　つまり，**遺族基礎年金**は，子のある配偶者，または，子にしか支給されません。

　子のいない人が亡くなっても，遺族基礎年金は支給されません。

　亡くなったときに①の配偶者と②の子がいれば，②の子のうちの末子が原則として18歳に達する日以後の最初の3月31日までの間に限って，配偶者に遺族基礎年金が支給されます（配偶者が遺族基礎年金の受給権を有するとき等は，子に対する遺族基礎年金は支給停止となります）。

　末子が18歳に達する日以後の最初の3月31日を迎えると遺族基礎年金は原則としてそこまでで支給終了です（末子が障害状態1・2級の障害状態にあるときは，末子が20歳になるまで支給されます）。

　つまり，遺族基礎年金は原則として残された子供が高校を卒業するまでの間だけの遺族保障といえます。

支給額（年額。2021年度）：780,900円（＋子の加算）	
子の加算（配偶者が遺族基礎年金を受給する場合）	次のいずれかに該当する未婚の子と生計を同じくする配偶者が遺族基礎年金を受ける場合，子の人数×224,700円が加算されます（3人目の子からは子の人数×74,900円のみ加算されます）。 ・18歳に達する日以後の最初の3月31日までの間にある子 ・20歳未満で障害等級1級または2級に該当する障害の状態にある子
子の加算（子が遺族基礎年金を受給する場合で，受給権のある子が2人以上いる場合）	遺族基礎年金の額に，子の数に応じた加算が行われます（2人目の子について224,700円加算。3人目の子からは子の人数×74,900円加算）

（注）遺族基礎年金を受給できる子が2人以上いるときは，それぞれの子に対して支給される額は，子の数で割った額となります。

126

【事例】

　Aさん（43歳。保険料納付要件を満たしているとします）が，配偶者Bさん（40歳）とCさん（16歳。障害等級1・2級に該当しない）を残して亡くなると，Aさんの死亡の当時Aさんに生計を維持されていた配偶者Bさんに，遺族基礎年金780,900円＋子の加算1名分224,700円の合計1,005,600円が支給されます。

　なお，Cさんが18歳に達する日以後の最初の3月31日を迎えると，遺族基礎年金および子の加算は支給されなくなります。

		遺族年金
ケース1 個人事業 のまま	43歳・東京都某区 本人所得420万円 配偶者有（40歳所得0円） 子1人（16歳）	遺族基礎年金　780,900円 子の加算　224,700円

　国民年金の遺族保障では，子のある配偶者または子が受給する遺族基礎年金が全国民共通の給付です。

　遺族基礎年金（や子の加算）だけでは，万一のときの死亡保障として不十分だと感じる方もいらっしゃるかもしれません。

子がいない個人事業主・フリーランスの遺族補償は死亡一時金・寡婦年金のみ

　国民年金の遺族保障としては，遺族基礎年金以外にも，一定期間以上国民年金第1号被保険者として保険料を納付したか免除を受けた人が年金をもらわずに亡くなったときに，残された妻に支給される「寡婦年金」や，残された一定の遺族に支給される「死亡一時金」もあります。

　これらの給付は，子のない妻が残された場合でも支給されます。
しかし，給付内容は以下のとおりで，充実したものではありません。

【寡婦年金】

支給要件	死亡日の前日において死亡月の前月までの第1号被保険者（65歳までの任意加入被保険者を含みます）としての保険料納付済期間・保険料免除期間を合算した期間が10年（夫の死亡日が2017年7月31日以前の場合は25年）以上である夫が死亡したときに，夫の死亡当時夫によって生計を維持していた，夫との婚姻関係（事実婚を含む）が10年以上継続した，65歳未満の妻に対して支給されます。 　亡くなった夫が老齢基礎年金や障害基礎年金を受給したことがあると寡婦年金は支給されません。 　亡くなった夫に，保険料納付済期間または納付猶予期間・学生納付特例期間以外の保険料免除期間があることが必要です。 　また，妻が老齢基礎年金を繰り上げている場合は支給されません。
支給額	夫の老齢基礎年金額×4分の3 　夫の老齢基礎年金額は，死亡月の前月までの第1号被保険者（65歳までの任意加入被保険者期間を含みます）としての国民年金加入期間に係る死亡日の前日における保険料納付済期間・保険料免除期間により計算されます。

支給期間	残された妻（寡婦）が60歳から65歳になるまで。 残された妻（寡婦）が60歳以上の場合も，65歳になるまで。 残された妻が65歳になると，自身の老齢基礎年金をもらえるようになりますので，それまでの生活保障のために支給される年金です。 妻自身が他の年金をもらえる間は，いずれかの年金を選択となります。

【死亡一時金】

支給要件	死亡の前日において死亡月の前月までの第1号被保険者（任意加入被保険者を含みます）としての国民年金加入期間に係る次の期間の月数を合算した月数が36月以上ある人が死亡したときに，一定の遺族に支給されます。 ・保険料納付済期間の月数 ・保険料4分の1免除期間（保険料の4分の3を納めた期間）の月数×4分の3 ・保険料半額免除期間（保険料の半額を納めた期間）の月数×2分の1 ・保険料4分の3免除期間（保険料の4分の1を納めた期間）の月数×4分の1 　ただし，老齢基礎年金または障害基礎年金を受給したことがある人が亡くなった場合は，支給されません。 　死亡日において，その人の死亡により遺族基礎年金を受けることができる人がいるときは，（死亡月に遺族基礎年金の受給権が消滅したときを除き）死亡一時金は支給されません。

遺族の範囲	死亡した人の配偶者，子，父母，孫，祖父母または兄弟姉妹の順番で，その人の死亡当時その人と生計を同じくしていた人（死亡の当時生計を同じくしていた配偶者がいる場合は，配偶者だけが受給できます）

死亡一時金の支給額

合算した月数	支給額
36月以上180月未満	120,000円
180月以上240月未満	145,000円
240月以上300月未満	170,000円
300月以上360月未満	220,000円
360月以上420月未満	270,000円
420月以上	320,000円

　死亡月の前月までに付加保険料（153ページ）納付済期間が3年以上ある人の死亡により遺族に支給される死亡一時金には8,500円が加算されます。

　なお，死亡一時金と寡婦年金を受給できるときは，選択によりどちらかが支給されます。

　また，死亡一時金と遺族基礎年金を受給できるときは，遺族基礎年金が支給されます。

ケース2 個人事業の全部を法人化して厚生年金保険・健康保険に加入する場合

厚生年金保険に入っている間の死亡に対しては遺族厚生年金もある

　次のいずれかに該当する場合は，死亡の当時その人によって生計

を維持されていた一定の遺族に遺族厚生年金が支給されます。

① 厚生年金保険の被保険者が死亡したとき
② 厚生年金保険の被保険者資格を喪失後，被保険者であった間に初診日がある病気やケガが原因で，その初診日から起算して5年を経過する前に死亡したとき
③ 障害等級1級または2級の障害厚生年金の受給権者が死亡したとき
④ 公的年金に加入して保険料を納めた期間等が合計25年以上あり，そのうち1月でも厚生年金保険に加入した人が死亡したとき

　ただし，上記の①または②に該当する場合は，遺族基礎年金と同様の保険料納付要件を満たしていないと，遺族厚生年金は支給されません。

　上記①に該当する場合でも，保険料納付要件を満たしていれば遺族厚生年金は支給されます。
　したがって，現在国民年金に加入している個人事業主・フリーランスが厚生年金保険に加入した直後に亡くなった場合であっても，保険料納付要件を満たしていれば，遺族厚生年金が支給されます。

遺族厚生年金は，子のない配偶者にも支給される
　遺族厚生年金が支給される遺族・支給順位は次のとおりです。
　1．配偶者（妻または55歳以上の夫）および子
　2．（55歳以上の）父母
　3．孫
　4．（55歳以上の）祖父母

（注）子や孫は，次のいずれかに該当する未婚の子・孫をいいます。
・18歳に達する日以後の最初の3月31日までの間にある
・20歳未満で障害等級1級または2級に該当する障害の状態にある

　死亡の当時，死亡した人に生計を維持されていたこれらの人のうち最も順位が高い人が遺族厚生年金を受け取れます。
　子のある妻や子のある55歳以上の夫が遺族厚生年金の受給権を有する期間，子に対する遺族厚生年金は支給停止となります。

　上記のとおり，遺族厚生年金をもらえる遺族の範囲は遺族基礎年金に比べて広いです。
　子がいないため遺族基礎年金がもらえない配偶者でも遺族厚生年金をもらえます。

　ただし，子のいない30歳未満の妻が遺族厚生年金をもらう場合は，5年で遺族厚生年金をもらえなくなります。
　また，55歳以上の夫，父母，または祖父母が遺族厚生年金をもらう場合は，実際にもらえるのは60歳からとなります（ただし，夫が遺族基礎年金をもらえる場合は，60歳前でも遺族厚生年金を受給できます）。

遺族厚生年金でも，厚生年金保険加入期間に300月の最低保障がある

　遺族厚生年金の年金額は，特別支給の老齢厚生年金（報酬比例部分）・老齢厚生年金（報酬比例部分）や障害厚生年金と同様の「報酬比例部分の年金」の計算式を用いて算出した額（亡くなった人の厚生年金保険加入期間を基礎として計算した額）の4分の3となるのが原則です。

> 遺族厚生年金＝報酬比例部分の年金（平均標準報酬額×5.481/1,000×2003年4月以降の厚生年金保険加入期間の月数）×3/4

（亡くなった人が1946年4月2日以降生まれの場合の原則的な計算式）

2003年3月以前に厚生年金保険加入期間がある人の場合は，次のとおりです。

> 遺族厚生年金＝報酬比例部分の年金｛（平均標準報酬月額×7.125/1,000×2003年3月以前の厚生年金保険加入期間の月数）＋（平均標準報酬額×5.481/1,000×2003年4月以降の厚生年金保険加入期間の月数）｝×3/4

ただし，130ページ①～③の場合は，厚生年金保険加入期間に300月の最低保障があります。

したがって，これまで厚生年金保険に入ったことがない人が厚生年金保険に加入後すぐに亡くなった場合（この場合，130ページの①にあたります）でも，保険料納付要件を満たしていれば，厚生年金保険加入期間の月数については25年加入したものとして計算された遺族厚生年金が遺族に支給されます。

残された配偶者または子が遺族基礎年金も受けられる場合は，遺族基礎年金も遺族厚生年金も支給されます。

40歳以上の妻が残されたときは，中高齢寡婦加算が年約60万円加算

厚生年金保険に加入している夫や，公的年金に25年以上加入し，20年以上厚生年金保険に加入したなどの要件を満たす夫が死亡した当時に，妻が40歳以上65歳未満の場合（または，夫死亡当時妻が40歳未満でも，40歳になったときに妻が遺族基礎年金を受けている場合），妻が受け取る遺族厚生年金には，**40歳から65歳になるまでの間「中高齢寡婦加算」（2021年度は585,700円）が加算**されます（た

だし，妻が遺族基礎年金を受給できる間は，中高齢寡婦加算は支給停止されます）。

　なお，夫の死亡当時40歳未満で子のいない妻が40歳になっても，中高齢寡婦加算は支給されません。

【事例】
　A さん（男性・43歳）が厚生年金保険に加入直後に亡くなり，死亡時に A さんによって生計維持されていた妻 B さん（40歳）・子 C さん（16歳。障害等級1級・2級に該当しない）が残されたら……（平均標準報酬額360,000円の場合）

遺族厚生年金額	平均標準報酬額360,000円×5.481/1,000×厚生年金保険加入期間の月数（最低保障）300月×3/4＝443,961円
中高齢寡婦加算	585,700円

【図表21】B さんへの遺族年金支給額：個人事業のままと全部法人化の比較

		遺族年金（本人（夫）が死亡の場合）
ケース1 個人事業のまま	43歳・東京都某区 本人所得420万円 配偶者有（40歳所得0円） 子1人（16歳）	遺族基礎年金　780,900円 　子の加算　224,700円
ケース2 事業の全部を法人化すると	報酬月額35万円で厚生年金保険加入の場合（平均標準報酬額36万円と仮定）	遺族基礎年金　780,900円 　子の加算　224,700円 遺族厚生年金　443,961円 中高齢寡婦加算　585,700円 （妻65歳まで・遺族基礎年金を受給できる間は支給停止）

（注１）遺族厚生年金をもらえる人が65歳以上の場合は，老齢基礎年金
と遺族厚生年金の両方をもらえます。
ただし，65歳以上で遺族厚生年金も自分の老齢厚生年金も受け
取る権利がある場合は，老齢厚生年金が優先して支給され，遺
族厚生年金は老齢厚生年金に相当する額まで支給停止となりま
す。

（注２）65歳前に，老齢年金と遺族年金の両方をもらうことはできませ
ん。両方の権利がある場合でも，どちらか一方を選択してもら
うこととなります。

（注３）遺族年金は非課税です。

　残されたＢさんには，Ｃさんが18歳到達後最初の３月31日を迎える
までの間に遺族基礎年金780,900円＋子の加算224,700円が支給されるだ
けでなく，Ｂさんが65歳になるまでは，約103万円の年金（遺族厚生
年金443,961円＋中高齢寡婦加算585,700円）も支給されます（ただし，
Ｃさんが18歳到達後最初の３月31日を迎えるまでの間は，遺族基礎年
金および子の加算が支給されるため，中高齢寡婦加算は支給停止です）。

　Ｂさんが65歳になると中高齢寡婦加算585,700円はなくなります。遺
族厚生年金443,961円は，Ｂさんが再婚（事実婚を含む）した場合など
を除き一生支給されます。

　Ｂさんがもらえる年金は，「遺族基礎年金＋子の加算」のみの場合
に比べて，65歳までの25年間では総額約2,457万円（約44万円×約２年
＋約103万円×約23年）増えることとなります。

　Ｂさんが90歳で亡くなるとしたら，亡くなるまでの総額では約3,557
万円（約44万円×約２年＋約103万円×約23年＋約44万円×25年）増
えることとなります。

　個人事業主・フリーランスが厚生年金保険に加入すると，年をとっ
たときの年金や病気・ケガが原因で障害状態となったときの年金が増
えるだけでなく，**亡くなった後の遺族保障の増額にもつながること**が
おわかりいただけると思います。

$\boxed{\text{ケース3}}$ 個人事業の一部を法人化して，ミニマム法人で厚生年金保険・健康保険に加入する場合

低額報酬で厚生年金保険に加入しているとどうなるか

　遺族厚生年金の基礎部分（報酬比例部分）の年金額計算には厚生年金保険加入期間の月数だけでなく，加入期間の平均標準報酬額も反映されます。

　したがって，低額報酬で厚生年金保険に加入した場合，遺族厚生年金の基礎部分（報酬比例部分）の年金額はそれほど多くはありません。

　しかし，中高齢寡婦加算は，厚生年金保険加入中の報酬月額・賞与額にかかわらず一定額です。

【事例】
　Ａさん（男性・43歳）が厚生年金保険に加入直後に亡くなり，死亡時にＡさんによって生計維持されていた妻Ｂさん（40歳）・子Ｃさん（16歳。障害等級１級・２級に該当しない）が残されたら……（平均標準報酬額88,000円の場合）

遺族厚生年金額	平均標準報酬額88,000円×5.481/1,000×厚生年金保険加入期間の月数（最低保障）300月×3／4＝108,524円
中高齢寡婦加算	585,700円

【図表22】Bさんへの遺族年金支給額：ケース1, ケース2, ケース3 比較

		遺族年金（本人（夫）が死亡の場合）	
ケース1 個人事業のまま	43歳・東京都某区 本人所得420万円 配偶者有（40歳所得0円） 子1人（16歳）	遺族基礎年金 子の加算	780,900円 224,700円
ケース2 事業の全部を法人化すると	報酬月額35万円で厚生年金保険加入の場合（平均標準報酬額36万円と仮定）	遺族基礎年金 子の加算	780,900円 224,700円
		遺族厚生年金 中高齢寡婦加算 （妻65歳まで・遺族基礎年金を受給できる間は支給停止）	443,961円 585,700円
ケース3 事業の一部を法人化すると	報酬月額6万円で厚生年金保険加入の場合（平均標準報酬額8.8万円と仮定）	遺族基礎年金 子の加算	780,900円 224,700円
		遺族厚生年金 中高齢寡婦加算 （妻65歳まで・遺族基礎年金を受給できる間は支給停止）	108,524円 585,700円

　残されたBさんには，Cさんが18歳到達後最初の3月31日を迎えるまでの間に遺族基礎年金780,900円＋子の加算224,700円が支給されるだけでなく，Bさんが65歳になるまでは，約69万円の年金（遺族厚生年金108,524円＋中高齢寡婦加算585,700円）も支給されます（ただし，Cさんが18歳到達後最初の3月31日を迎えるまでの間は，中高齢寡婦加算は支給停止です）。

　Bさんが65歳になると中高齢寡婦加算585,700円はなくなります。遺族厚生年金108,524円は，Bさんが再婚（事実婚を含む）した場合などを除き一生支給されます。

　Bさんがもらえる年金は，「遺族基礎年金＋子の加算」のみの場合に比べて，65歳までの25年間では総額約1,609万円（約11万円×約2年＋約69万円×約23年）増えることとなります。

　Bさんが90歳で亡くなるとしたら，亡くなるまでの総額では約1,884万円（約11万円×約2年＋約69万円×約23年＋約11万円×25年）増えることとなります。

　遺族基礎年金と異なり遺族厚生年金は，子のない配偶者であっても支給対象となります。

　厚生年金保険加入中などの死亡の場合，厚生年金保険加入期間の月数が300月に満たないときは300月として年金額が計算されます。

　中高齢寡婦加算額は死亡した夫の厚生年金保険加入中の報酬月額・賞与額によらず定額です。

　低額報酬であっても厚生年金保険に加入するメリットは，遺族年金においてもあるといえるでしょう。

B. 医療保険の給付

■ 傷病手当金・出産手当金について

ケース1 個人事業主・フリーランスとして国民年金・国民健康保険に加入する場合

国民健康保険には，傷病手当金，出産手当金がないのが一般的

都道府県・市町村が運営する国民健康保険では，被保険者が病気・ケガや出産で働けないときの所得保障のための次の給付がありません。

● 傷病手当金
● 出産手当金

なお，国民健康保険法上は，条例で定めれば手当金給付を行うこともできるようにはなっています（例：新型コロナウイルス感染症に感染した被用者（発熱等の症状があり感染が疑われる被用者を含む）に対する傷病手当金）。また，国民健康保険組合が運営する国民健康保険には，手当金給付があるところもあります（手当金日額が定額である，支給期間が短い等，健康保険の給付とは内容が異なることがあります）。

ケース2 個人事業の全部を法人化して厚生年金保険・健康保険に
加入する場合

健康保険には傷病手当金，出産手当金がある

　健康保険に加入すると，傷病手当金・出産手当金給付があるため，
病気・ケガや出産で働けなくなったときの所得保障が充実します。

■ 傷病手当金について

　健康保険の被保険者が，原則として業務外の病気やケガによる療養の
ため労務に服することができず，その期間が継続する3日間（待期）を
経て4日以上となると，4日目以降報酬の支払いを受けなかった期間に
ついては，「傷病手当金」がもらえます（健康保険の給付は非課税です）。

1日あたりの支給額	支給開始月以前の直近の継続した12月間の各月の標準報酬月額を平均した額×1/30×2/3

　この傷病手当金は，支給開始日から起算して1年6か月を限度として
支給されます。

　　（注）1年6か月の間に復職した期間があり，その後同一の病気やケガで労務
　　に服することができなくなった場合でも，1年6か月経過後は支給されません
　　（2021年12月31日まで）。
　　　改正により2022年1月1日からは，同一の病気やケガに関する傷病手当金の
　　支給期間が，支給開始日から「通算して」1年6か月に達する日まで対象とな
　　ります（この改正は，2020年7月2日以降に支給が開始された傷病手当金が対
　　象です）。

■ 出産手当金について

　健康保険の被保険者が出産の日前後の一定期間労務に服さず，報酬の
支払いを受けなかった場合，その期間については，出産手当金が支給さ
れます。

支給期間	出産の日（出産の日が出産の予定日後であるときは出産の予定日）以前42日（多胎妊娠の場合は98日）から出産の日後56日までの間で，労務に服さなかった期間
1日あたりの支給額	支給開始月以前の直近の継続した12月間の各月の標準報酬月額を平均した額× 1 /30× 2 / 3

【事例】

　支給開始月以前の直近の継続した12月間の各月の標準報酬月額を平均した額が360,000円で報酬が支払われていない場合

➡ 1日あたりの傷病手当金・出産手当金の額は8,000円。

360,000円× 1 /30＝12,000円

12,000円× 2 / 3 ＝8,000円

（注1）支給開始月以前の健康保険加入期間が12月に満たない人の支給額は，次のいずれか低い額を用いて計算されます。
　① 支給開始月以前の直近の継続した各月の標準報酬月額の平均額
　② 支給開始日の属する年度の前年度9月30日における全被保険者の同月の標準報酬月額を平均した額を報酬月額とみなした時の標準報酬月額（支給開始日が2019年4月1日以降の場合は30万円）

（注2）手当金支給期間において報酬が支払われていても，手当金の額よりも少ない場合は，差額が支給されます。

ケース3 個人事業の一部を法人化して，ミニマム法人で厚生年金保険・健康保険に加入する場合

　傷病手当金も出産手当金も，1日あたりの支給額は直近の継続した12月間の各月の標準報酬月額の平均に応じて決まりますので，報

酬月額が低い状態で健康保険に加入していた人がこれらの給付をもらえることとなっても1日あたりの支給額は少ないです。

【事例1】
　支給開始月以前の直近の継続した12月間の各月の健康保険の標準報酬月額を平均した額が58,000円の場合
　➡1日あたりの傷病手当金・出産手当金の額は1,287円。

58,000円×1／30＝1933.3円→1,930円（10円未満四捨五入）

1,930円×2／3＝1,286.6円→1,287円（1円未満四捨五入）

【事例2】
　支給開始月以前の直近の継続した12月間の各月の健康保険の標準報酬月額を平均した額が88,000円の場合
　➡1日あたりの傷病手当金・出産手当金の額は1,953円。

88,000円×1／30＝2933.3円→2,930円（10円未満四捨五入）

2,930円×2／3＝1,953.3円→1,953円（1円未満四捨五入）

　しかし，都道府県・市町村が運営する国民健康保険に加入していると傷病手当金・出産手当金はないわけですから，これらの手当金給付があることは，健康保険加入によるメリットといえるでしょう。
　（注）役員給与を0円とする旨を決議（決定）して実際に役員給与を支給しなければ，法人代表者・役員であっても，（他の支給要件を満たしていれば）手当金日額の全額を受給することができるようになります。

■ 療養の給付・家族療養費について

病気やケガをしたときに医療機関窓口で払うお金は変わらない
国民健康保険も健康保険も，本人や家族が医療機関にかかったときは

3割負担です（ただし，小学校就学前の子は2割負担，70歳以上の人は原則2割負担（現役並み所得者は3割）です）。

　したがって，ケース1個人事業の場合，ケース2法人のみの場合，ケース3「個人事業＋ミニマム法人」の場合，いずれであっても自己負担割合は同様です。

【図表23】医療機関で支払う自己負担割合

年齢区分	自己負担割合
未就学児（0歳～小学校就学前）	医療費の2割
小学校就学～70歳未満	医療費の3割
70歳以上	医療費の2割（注） （現役並み所得者は3割）

（注）1944年4月1日以前生まれの人については，国が1割を負担するため，実質的な自己負担割合は1割

　健康保険被保険者が法人から受ける報酬・賞与の額は，70歳未満の人の自己負担割合には影響しません。

　70歳以上の人が「現役並み所得者」（3割負担）に該当するかどうかを判断する際，国民健康保険では，その人が属する世帯の被保険者（70歳以上の人に限ります）について課税所得が145万円以上かどうかで判断されます。

　ただし，収入の額が520万円（単身世帯は383万円）未満であるときは，申請により2割負担（1944年4月1日以前生まれの人は1割負担）となります。

　一方，健康保険では，療養を受ける月の被保険者の標準報酬月額が28万円以上（報酬月額27万円以上）かどうかで判断されます。

　被保険者の標準報酬月額が28万円以上であっても，70歳以上の被保険者・被扶養者の収入の合計額が520万円（当該被扶養者がいない場合は

383万円）未満であるときは，申請により２割負担（1944年４月１日以前生まれの人は１割負担）となります。

■ 高額療養費について

高額療養費制度は，国民健康保険にも健康保険にもあります。

給付のしくみも基本的に同様です。同一月内に医療機関や薬局の窓口で支払った自己負担額が自己負担限度額を超えたとき，申請により，超えた額が「高額療養費」として支給されます（ただし，保険外併用療養費の差額部分や先進医療の技術料，入院時食事療養費・入院時生活療養費の標準負担額は対象になりません）。

なお，同一月内に同一世帯で21,000円以上の自己負担額がある人が複数いるときは，それらを合算して，自己負担限度額を超えた額が高額療養費として支給されます（世帯合算）。同一人が同一月内に複数の医療機関にかかり，それぞれの自己負担額が21,000円以上ある場合も同様です（70歳以上の人がいる世帯では算定方法が異なります）。

また，同一世帯で，診療月以前12月以内に同一の医療保険保険者から３回以上高額療養費の支給を受けている場合は，４回目以降は自己負担限度額が下がります（多数回該当世帯の負担軽減）。

高額療養費の自己負担限度額は，国民健康保険では所得が多いか少ないかによって変わります。

一方，健康保険では，原則として標準報酬月額によって変わります。

健康保険では，標準報酬月額が26万円以下（報酬月額27万円未満）の場合，標準報酬月額28万円以上（報酬月額27万円以上）の場合と比べて高額療養費の自己負担限度額が低くなります。

ケース1 個人事業主・フリーランスとして国民年金・国民健康保険
に加入する場合

【図表24】高額療養費の自己負担限度額（70歳未満の場合）

所得区分（世帯）	限度額区分	自己負担限度額	
		年3回目まで	年4回目以降
基準総所得額※ 901万円超 （住民税未申告世帯を含む）	ア	252,600円＋ （総医療費－842,000円） ×1％	140,100円
基準総所得額 600万円超〜901万円以下	イ	167,400円＋ （総医療費－558,000円） ×1％	93,000円
基準総所得額 210万円超〜600万円以下	ウ	80,100円＋ （総医療費－267,000円） ×1％	44,400円
基準総所得額 210万円以下	エ	57,600円	44,400円
住民税非課税	オ	35,400円	24,600円

（※）基準総所得額＝前年の総所得など－住民税の基礎控除
　　　毎年8月から12月は前年の所得，1月から7月は前々年の所得をもとに
　　　区分判定が行われます。

【図表25】高額療養費の自己負担限度額（70歳以上75歳未満の場合）

所得区分（世帯）		外来（個人単位）	外来＋入院 （世帯単位）
現役並み 所得者	課税所得（※1） 690万円以上	252,600円＋ （総医療費－842,000円）×1％ 【年4回目以降140,100円】	
	課税所得 380万円以上 690万円未満	167,400円＋ （総医療費－558,000円）×1％ 【年4回目以降93,000円】	
	課税所得 145万円以上 380万円未満	80,100円＋ （総医療費－267,000円）×1％ 【年4回目以降44,400円】	
一般（※2）		18,000円 （年間上限144,000円）	57,600円 【年4回目以降44,400円】
低所得者（住民税非課税）2（※3）		8,000円	24,600円
低所得者（住民税非課税）1（※4）		8,000円	15,000円

（※1）課税所得とは，年収から必要経費及び各種控除を引いたものです。

（※2）現役並み所得者，低所得者のいずれにも該当しない方。また，一定の条件に該当する方で申請等により「一般」区分となる世帯の方。

（※3）同一世帯の世帯主及びすべての国保被保険者が住民税非課税の方。

（※4）（※3）のうち，世帯の各所得が必要経費・控除（年金の所得は80万円として計算）を差し引いたときに0円となる方。

ケース2 個人事業の全部を法人化して厚生年金保険・健康保険に加入する場合および ケース3 個人事業の一部を法人化して，ミニマム法人で厚生年金保険・健康保険に加入する場合

【図表26】 高額療養費の自己負担限度額（70歳未満の場合）

所得区分	自己負担限度額	多数該当(※1)
①区分ア （標準報酬月額83万円以上の方） （報酬月額81万円以上の方）	252,600円＋ （総医療費－842,000円） ×1％	140,100円
②区分イ （標準報酬月額53万～79万円の方） （報酬月額51万5千円以上～81万円 未満の方）	167,400円＋ （総医療費－558,000円） ×1％	93,000円
③区分ウ （標準報酬月額28万～50万円の方） （報酬月額27万円以上～51万5千円 未満の方）	80,100円＋ （総医療費－267,000円） ×1％	44,400円
④区分エ （標準報酬月額26万円以下の方） （報酬月額27万円未満の方）	57,600円	44,400円
⑤区分オ（低所得者） （被保険者が市区町村民税の非課 税者等）	35,400円	24,600円

（※1） 療養を受けた月以前の1年間に，3か月以上の高額療養費の支給を受けた(限度額適用認定証を使用し，自己負担限度額を負担した場合も含む)場合には，4か月目から「多数該当」となり，自己負担限度額がさらに軽減されます。

（注）「区分ア」または「区分イ」に該当する場合，市区町村民税が非課税であっても，標準報酬月額での「区分ア」または「区分イ」の該当となります。

【図表27】 高額療養費の自己負担限度額（70歳以上75歳未満の場合）

被保険者の所得区分		自己負担限度額	
		外来（個人ごと）	外来・入院（世帯）
①現役並み所得者	現役並みⅢ（標準報酬月額83万円以上で高齢受給者証の負担割合が3割の方）	252,600円＋（総医療費－842,000円）×1％[多数該当：140,100円]	
	現役並みⅡ（標準報酬月額53万～79万円で高齢受給者証の負担割合が3割の方）	167,400円＋（総医療費－558,000円）×1％[多数該当：93,000円]	
	現役並みⅠ（標準報酬月額28万～50万円で高齢受給者証の負担割合が3割の方）	80,100円＋（総医療費－267,000円）×1％[多数該当：44,400円]	
②一般所得者（①および③以外の方）		18,000円（年間上限14.4万円）	57,600円[多数該当：44,400円]
③低所得者	Ⅱ（※1）	8,000円	24,600円
	Ⅰ（※2）		15,000円

（※1） 被保険者が市区町村民税の非課税者等である場合です。

（※2） 被保険者とその扶養家族全ての方の収入から必要経費・控除額を除いた後の所得がない場合です。

（注） 現役並み所得者に該当する場合は，市区町村民税が非課税等であっても現役並み所得者となります。

【図表28】 給付の比較

		老齢年金
ケース1 個人事業 のまま	43歳・東京都某区 本人所得420万円 配偶者有（40歳所得 0 円） 子 1 人（16歳）	【本人】　　　　老齢基礎年金780,900円 【配偶者】　　　老齢基礎年金780,900円
ケース2 事業の全部 を法人化 すると	報酬月額35万円で 協会けんぽ・ 厚生年金保険加入 の場合 （平均標準報酬額36万円 と仮定）	【本人】　　　　老齢基礎年金780,900円 老齢厚生年金　（報酬比例部分）520,914円 　　　　　　　（経過的加算部分）97,909円 加給年金額390,500円（配偶者65歳まで） 【配偶者】　　　老齢基礎年金780,900円
ケース3 事業の一部 を法人化 すると	報酬月額 6 万円で 協会けんぽ・ 厚生年金保険加入 の場合 （平均標準報酬額8.8万円 と仮定）	【本人】　　　　老齢基礎年金780,900円 老齢厚生年金　（報酬比例部分）127,335円 　　　　　　　（経過的加算部分）97,909円 加給年金額390,500円（配偶者65歳まで） 【配偶者】　　　老齢基礎年金780,900円

年金		医療保険	
障害年金・手当金（本人が障害の場合）	遺族年金（本人（夫）が死亡の場合）	傷病手当金	出産手当金
【障害等級1級】障害基礎年金976,125円 子の加算224,700円	遺族基礎年金　　780,900円 子の加算　　224,700円	なし	なし
【障害等級2級】障害基礎年金780,900円 子の加算224,700円			
【障害等級1級】障害基礎年金976,125円 子の加算224,700円	遺族基礎年金　　780,900円 子の加算　　224,700円	【本人】 日額 8,000円 （最長1年 6か月）	【本人】 日額 8,000円
障害厚生年金739,935円 加給年金額224,700円（配偶者65歳まで）	遺族厚生年金　　443,961円 中高齢寡婦加算　585,700円 （妻65歳まで・ 遺族基礎年金を受給できる間は支給 停止）		
【障害等級2級】障害基礎年金780,900円 子の加算224,700円			
障害厚生年金591,948円 加給年金額224,700円（配偶者65歳まで）			
【障害等級3級】 障害厚生年金591,948円			
【3級より軽度の障害】 障害手当金1,183,896円			
【障害等級1級】障害基礎年金976,125円 子の加算224,700円	遺族基礎年金　　780,900円 子の加算　　224,700円	【本人】 日額 1,287円 （最長1年 6か月）	【本人】 日額 1,287円
障害厚生年金180,873円 加給年金額224,700円（配偶者65歳まで）	遺族厚生年金　　108,524円 中高齢寡婦加算　585,700円 （妻65歳まで・ 遺族基礎年金を受給できる間は支給 停止）		
【障害等級2級】障害基礎年金780,900円 子の加算224,700円			
障害厚生年金144,698円 加給年金額224,700円（配偶者65歳まで）			
【障害等級3級】 障害厚生年金585,700円（最低保障額）			
【3級より軽度の障害】 障害手当金1,171,400円（最低保障額）			

> 💰 （まとめ）個人事業，法人，「個人事業＋ミニマム法人」給付の比較

　148〜149ページの図表28は，下記の ケース1 ， ケース2 ， ケース3 において，世帯主Aさん（43歳・年間所得420万円。配偶者Bさん（40歳・所得0円），子1名（Cさん16歳）がいる。東京都某区在住）の年金・医療保険の給付額がどのように異なるかを比較したものです（年金額は全て2021年度の年額です）。

ケース1 個人事業のまま	現状どおり個人事業のまま。国民健康保険および国民年金に加入
ケース2 事業の全部を法人化	個人事業の全部を法人化し，報酬月額35万円（標準報酬月額36万円）で全国健康保険協会（協会けんぽ）・東京都の健康保険および厚生年金保険に加入 　年金給付額については平均標準報酬額360,000円と仮定した場合を記載
ケース3 事業の一部を法人化（個人事業＋ミニマム法人）	個人事業の一部のみを法人化して，法人から受ける報酬月額6万円（健康保険の標準報酬月額58,000円・厚生年金保険の標準報酬月額88,000円）で全国健康保険協会（協会けんぽ）・東京都の健康保険および厚生年金保険に加入 　年金給付額については平均標準報酬額88,000円と仮定した場合を記載

　これまでに学んだ内容の復習・発展学習として，151ページからの解説と併せてチェックいただき，理解を深めていただければ幸いです。

年金（72 ～ 137ページ）のまとめ

■ 老齢年金

ケース１	本人・配偶者ともに，65歳から老齢基礎年金約78万円をもらえます（20歳から60歳まで40年間国民年金・厚生年金保険等公的年金に加入して保険料を納めた場合）。 　老齢基礎年金をもらうためには公的年金に加入して保険料を納めた期間等が10年以上必要です。
ケース２ および ケース３	本人には，65歳から，老齢基礎年金だけでなく老齢厚生年金も支給されます（公的年金に加入して保険料を納めた期間等が10年以上あり，うち厚生年金保険加入期間が１月以上ある場合）。 　生計を維持している配偶者が65歳になるまでは，配偶者加給年金額（特別加算額を含み390,500円）も加算されます（本人が20年以上厚生年金保険加入の場合）。

☆　配偶者にも65歳から老齢基礎年金が支給されます。40歳の配偶者Ｂさんは1966年４月２日以降生まれのため，振替加算は支給されません。
　　配偶者に厚生年金保険加入期間があれば，配偶者自身の老齢厚生年金も配偶者が65歳から支給されます。

☆　ケース１ の老齢基礎年金額の780,900円は，20歳から60歳になるまで切れ目なく国民年金保険料を納めた場合の年金額です。
　　厚生年金保険加入期間があれば，65歳から老齢厚生年金ももらえます。

　ケース2 および ケース3 の【本人】老齢厚生年金額は，Aさんが43歳まで厚生年金保険に加入したことがなく，43歳から65歳までの22年間厚生年金保険に加入した場合の，65歳時（65歳到達月の翌月分以降）の年金額です。

　43歳までにも厚生年金保険加入期間があれば，その期間の厚生年金保険加入記録も含めて老齢厚生年金が計算されます。

☆　厚生年金保険には最高70歳まで加入できます。65歳以降も厚生年金保険に加入すると，老齢厚生年金額が増えます。

　2022年度からは，65歳以降の厚生年金保険加入記録を反映させて毎年1回10月分から老齢厚生年金額が改定されます（在職定時改定）。

☆　老齢厚生年金（報酬比例部分）は，厚生年金保険加入中の報酬月額や2003年4月以降の賞与額が高いほど年金額が多くなります。

　しかし，老齢厚生年金（経過的加算部分）や加給年金額については，厚生年金保険加入中の報酬月額・賞与額とは関係がありません。

　したがって，ケース3 のように低額報酬で厚生年金保険に加入した場合でもメリットが生じます。

☆　老齢基礎年金だけでなく老齢厚生年金も一生涯もらえる終身年金ですので，90歳・100歳まで生きると，ケース2 および ケース3 の受給総額は ケース1 に比べるとかなり多くなります。

☆　老齢基礎年金も老齢厚生年金も最高70歳まで繰り下げることができます。

　70歳まで繰り下げると年金額は，65歳から受給する場合と比べて1.42倍に増えます。

　2022年度からは，最高75歳までの繰下げも選択できるようになりま

す（2022年 4 月 1 日以降に70歳になる，1952年 4 月 2 日以降生まれの
人が対象）。75歳まで繰り下げると年金額は，65歳から受給する場合
と比べて1.84倍に増えます。

☆　配偶者加給年金額が支給されるためには，本人が原則65歳までに厚
　生年金保険に合計20年以上加入しているなどの要件を満たす必要があ
　ります。
　　配偶者が年下で，本人との年齢差が大きいほど，本人の老齢厚生年
　金に配偶者加給年金額が加算される期間が長くなります。

☆　老齢厚生年金の計算式（概要。2021年度）

老齢厚生年金（報酬比例部分）の年金額
＝平均標準報酬額×5.481/1,000×厚生年金保険加入期間の月数

老齢厚生年金（経過的加算部分）の年金額
＝1,628円×厚生年金保険加入期間の月数（上限480月）
　−780,900円×（1961年 4 月 1 日以降で）20歳以上60歳未満の厚生年金保険
　加入期間の月数 /480月

☆　ケース1，ケース2，ケース3とも，国民年金の付加保険料（月
　400円）も納めた期間がある人は，65歳から付加年金（200円×付加保
　険料納付済期間の月数）ももらえます。
　　付加年金は，他の年金とは異なり，賃金・物価の変動に応じた年度
　ごとの年金額改定は適用されません。
　　老齢基礎年金を繰り下げると付加年金も老齢基礎年金の増額率と同
　率で増額された年金が一生支給されます。
　　老齢基礎年金を繰り上げると付加年金も老齢基礎年金の減額率と同
　率で減額された年金が一生支給されます。

■ 障害年金・手当金

ケース1	国民年金の被保険者期間に初診日のある病気・ケガが原因で障害認定日に障害等級1級または2級に該当すると，障害基礎年金（および子の加算）がもらえます（20歳前や日本国内に住んでいる60歳以上65歳未満の間で公的年金に加入していない期間に初診日があるケースの障害基礎年金もあります）。 　ただし，過去の公的年金加入期間の3分の1以上保険料が未納で，かつ，直近の1年間に保険料未納期間がある場合は支給されません。 　障害基礎年金は定額です（1級は2級の1.25倍の年金をもらえます）。 　Aさんの子はCさん1人のため，子の加算は224,700円です（子が18歳に達する日以後の最初の3月31日を迎えると子の加算は原則としてなくなります）。
ケース2 および ケース3	厚生年金保険加入中に初診日のある病気・ケガが原因で障害認定日に障害等級1級，2級，または3級に該当すると，障害厚生年金が支給されます。 　3級よりも軽い障害が残ったときに支給される障害手当金（一時金）もあります。 　障害厚生年金も1級は2級の1.25倍の年金をもらえます。 　1級・2級の障害厚生年金には，生計を維持している配偶者が65歳になるまで配偶者加給年金額（224,700円）がつきます。障害基礎年金ももらえる場合は，障害基礎年金も障害厚生年金も両方もらえます。

☆　障害厚生年金や障害手当金は，障害認定月までの厚生年金保険加入期間の月数が300月未満の場合，300月として計算されます。

したがって，厚生年金保険加入直後に初診日のある傷病が原因で障害等級に該当した場合や障害手当金が支給される障害の状態に該当した場合でも，同じ平均標準報酬額で厚生年金保険に25年以上加入していた場合と同額が支給されます。

ただし，過去の公的年金加入期間の3分の1以上保険料が未納で，かつ，直近の1年間に保険料未納期間がある場合は支給されません。

☆　障害厚生年金や障害手当金の額は，厚生年金保険加入中の報酬月額や2003年4月以降の厚生年金保険加入中の賞与額が高いほど年金額が増えます。

しかし，配偶者加給年金額や，障害等級3級の最低保障額585,700円，障害手当金の最低保障額1,171,400円については，厚生年金保険加入期間中の報酬月額・賞与額とは関係がありません。

したがって，ケース3のように低額の報酬で厚生年金保険に加入した場合でもメリットが生じます。

☆　障害厚生年金・障害手当金は障害認定月までの厚生年金保険加入期間の月数が300月以下の場合の額を記載しましたが，300月を超える場合は額が増えます。

☆　障害厚生年金・障害手当金の計算式（概要。2021年度）

1級	報酬比例部分の年金額（平均標準報酬額×5.481/1,000×厚生年金保険加入期間の月数）×1.25（＋配偶者加給年金額224,700円）
2級	報酬比例部分の年金額（＋配偶者加給年金額224,700円）
3級	報酬比例部分の年金額（最低保障額585,700円）
障害手当金	報酬比例部分の年金額×2（最低保障額1,171,400円）

■ 遺族年金

ケース1	子が原則として18歳に達する日以後の最初の3月31日を迎えるまでに亡くなると，配偶者に遺族基礎年金および子の加算が支給されます。 　ただし，亡くなった本人が公的年金加入期間の3分の1以上保険料が未納で，かつ，直近の1年間に保険料未納期間がある場合は支給されません。 　遺族基礎年金は定額です。 　Aさんの子はCさん1人のため，子の加算は224,700円です。子が18歳に達する日以後の最初の3月31日を迎えると，遺族基礎年金および子の加算は原則としてなくなります。
ケース2 および ケース3	厚生年保険加入中などに本人（夫）が死亡した場合は，死亡時の子の有無や子の年齢・配偶者（妻）の年齢によらず，妻には遺族厚生年金が支給されます。 　遺族基礎年金ももらえる場合は，遺族基礎年金も遺族厚生年金も両方もらえます。 　本人（妻）の死亡によって配偶者（夫）が遺族厚生年金をもらう場合は，夫は妻の死亡当時55歳以上であることが必要です（この場合，遺族厚生年金は原則として夫60歳から支給ですが，夫が遺族基礎年金を受給できるときは60歳前でも遺族厚生年金も受給できます）。 　65歳以降で老齢厚生年金ももらえる場合は，遺族厚生年金と老齢厚生年金との間で調整が行われます（老齢厚生年金優先支給。遺族厚生年金は差額のみ支給）。

☆　厚生年金保険に加入中の死亡などで遺族厚生年金が支給されるケースでは，亡くなった本人の厚生年金保険加入期間の月数が300月未満の場合，300月として年金額が計算されます。

　　したがって，厚生年金保険加入直後に本人が死亡した場合でも，同じ平均標準報酬額で厚生年金保険に25年以上加入していた場合と同額の年金が支給されます。

　　ただし，本人が公的年金加入期間の3分の1以上保険料が未納で，かつ，直近の1年間に保険料未納期間がある場合は，遺族厚生年金は支給されません。

☆　本人（夫）が厚生年金保険加入中などに死亡した場合は，妻が40歳から65歳までの間，中高齢寡婦加算（年額585,700円）も支給されます（ただし，子が原則として18歳に達する日以後の最初の3月31日を迎えるまでの間は遺族基礎年金が受給できますので，中高齢寡婦加算は支給停止となります）。

☆　遺族厚生年金は，厚生年金保険加入期間中の報酬月額や2003年4月以降の賞与額が高いほど年金額が増えます。

　　しかし，中高齢寡婦加算は，厚生年金保険加入期間中の報酬月額・賞与額と関係なく一定額です。

　　したがって，ケース3のように低額の報酬で厚生年金保険に加入した場合でもメリットが生じます。

☆　遺族厚生年金は厚生年金保険加入期間の月数が300月以下の場合の年金額を記載しましたが，300月を超える場合は年金額が増えます。

☆　遺族基礎年金と異なり遺族厚生年金は，子のいない30歳未満の妻が遺族となった場合や，再婚（事実婚を含む）した場合などを除き一生

もらえます。

☆　遺族厚生年金の計算式（原則。2021年度）

> 亡くなった本人の報酬比例部分の年金額（平均標準報酬額×5.481/1,000×厚生年金保険加入期間の月数）×3/4＋（中高齢寡婦加算585,700円）

☆　ケース1, ケース2, ケース3とも，本人死亡時に原則18歳に達する日以後の最初の3月31日までの間にある子がいない配偶者には，遺族基礎年金は支給されません。

☆　死亡した人に国民年金第1号被保険者期間としての保険料納付済期間等が一定期間以上ある場合，要件を満たせば寡婦年金または死亡一時金が支給されることがあります。

　　ただし，寡婦年金と他の年金を同時に受け取ることはできず，いずれかの年金を選択して受給することとなります。

　　寡婦年金と死亡一時金を受給できるときも，いずれかを選択することとなります。

　　また，遺族基礎年金を受給できる人がいるときは，死亡一時金は支給されません。

☆　年金や所得が一定額以下の人への給付金（参考）

　　公的年金等の収入金額やその他の所得が一定基準額以下の人に，年金に上乗せして支給される「年金生活者支援給付金」制度もあります。

・老齢基礎年金を受給している対象者に支給される老齢年金生活者支援給付金
・障害基礎年金を受給している対象者に支給される障害年金生活者支援給付金
・遺族基礎年金を受給している対象者に支給される遺族年金生活者支援

給付金

詳しくは，厚生労働省ホームページ（https://www.mhlw.go.jp/nenkinkyuufukin/）をご参照ください。

医療保険（138 〜 147ページ）のまとめ

■ 傷病手当金・出産手当金

ケース1	原則として給付なし（国民健康保険組合に加入の場合は，手当金給付がある場合もあります）。
ケース2 および ケース3	本人が健康保険対象の傷病によって労務に服することができなくなった場合，報酬の支払いを受けなかった期間については傷病手当金が支給されます（支給開始日から起算して最長1年6か月。2022年1月1日からは，支給開始日から「通算して」1年6か月に達する日までが限度となります）。 　本人が出産の日前後の一定期間労務に服さず，報酬の支払いを受けなかった期間については，出産手当金が支給されます。

☆　手当金の支給額（日額）は，原則として直近12か月の標準報酬月額の平均額に応じて決まります。

手当金の支給額（1日あたり）＝支給開始月以前の直近の継続した12月間の各月の標準報酬月額を平均した額×1/30×2/3

ここで，本文では触れなかった給付についてもご紹介します。

■ 出産育児一時金，家族出産育児一時金

ケース1	国民健康保険の出産育児一時金の有無や内容は保険者により異なります。 　ケース2およびケース3と同様または類似の給付を行う保険者が多いようです。
ケース2 および ケース3	出産育児一時金・家族出産育児一時金は1児につき404,000円 ^(注)（産科医療補償制度に加入している病院等で出産した場合は42万円）。 　出産育児一時金・家族出産育児一時金の支給額は報酬月額によらず定額です。

（注）2022年1月1日からは408,000円

■ 葬祭費（葬祭の給付），埋葬料・家族埋葬料，埋葬費

ケース1	国民健康保険の葬祭費（葬祭の給付）の有無や内容は保険者により異なります。 　葬祭を行った場合にケース2およびケース3の埋葬料・家族埋葬料と同額の葬祭費の支給を行う保険者もあります。
ケース2 および ケース3	埋葬料・家族埋葬料5万円。 　健康保険の被保険者が死亡したときは，埋葬料が，被保険者により生計を維持していた人で埋葬を行う人に支給されます。 　被扶養者が死亡したときは，家族埋葬料が被保険者に支給されます。 　埋葬料・家族埋葬料の支給額は報酬月額によらず定額です。

| | 被保険者が死亡したが埋葬料を受ける人がいないときは，埋葬を行った人に埋葬費（5万円の範囲内で埋葬に要した費用相当額）が支給されます。 |

■ 介護保険の給付の概要など

| ケース1 , ケース2 , ケース3 | 40歳以上なら市町村が運営する介護保険の被保険者となり介護保険の給付を受けられます。 |

☆　市町村の区域内に住所を有する40歳以上65歳未満の医療保険加入者は，介護保険の第2号被保険者となります。

　　第2号被保険者は，加齢に伴う「特定疾病」^(注)が原因で要介護認定または要支援認定を受けたときに介護サービスを受けることができます。

　（注）特定疾病は：下記の16種類が指定されています。
　1　がん（医師が一般的に認められている医学的見地に基づき回復の見込みがない状態に至ったと判断したものに限る。），2　関節リウマチ，3　筋萎縮性側索硬化症，4　後縦靱帯骨化症，5　骨折を伴う骨粗鬆症，6　初老期における認知症，7　進行性核上性麻痺，大脳皮質基底核変性症およびパーキンソン病，8　脊髄小脳変性症，9　脊柱管狭窄症，10　早老症，11　多系統萎縮症，12　糖尿病性神経障害，糖尿病性腎症および 糖尿病性網膜症，13　脳血管疾患，14　閉塞性動脈硬化症，15　慢性閉塞性肺疾患，16　両側の膝関節または股関節に著しい変形を伴う変形性関節症

☆　市町村の区域内に住所を有する65歳以上の人は，介護保険の第1号被保険者となります。

　　第1号被保険者は，原因を問わずに要介護認定または要支援認定を受けたときに介護サービスを受けることができます。

☆　介護サービス計画（ケアプラン）に基づいた居宅サービスや施設サー

162

ビスを利用した際の自己負担割合は，所得に応じて1割，2割，または，3割です（第1号被保険者の場合）。第2号被保険者は1割です。

　介護サービスの1か月の自己負担額が高額になったときに，申請により負担上限額を超えた分の金額が支給される「高額介護（予防）サービス費」もあります。

　なお，世帯内の同一の医療保険の自己負担額と介護保険の自己負担額を合計した金額（毎年8月から翌年7月までの合計額）が一定の基準額を超えた場合に，超えた額が支給される「高額医療・高額介護合算療養費」もあります。

■ 後期高齢者医療制度

　原則75歳からの後期高齢者医療制度では，医療費の自己負担割合は原則1割（現役並み所得者は3割）です（2021年度現在）。

　（注）改正により，現役並み所得者を除く一定以上所得者は2割負担となります（施行日は2022年10月1日から2023年3月1日までの間において政令で定める日）。
　なお，後期高齢者医療制度にも，高額療養費や高額医療・高額介護合算療養費があります。

給付のポイント
役員給与額の多い少ないに関係なく一定額がもらえる給付がたくさんある。

　低額報酬であっても厚生年金保険・健康保険に加入していれば，高額報酬で厚生年金保険・健康保険に加入している人と同じ額をもらえる給付が，次のとおりたくさんあります。

☆　老齢厚生年金のうち，厚生年金保険加入期間のみによって年金額が決まる経過的加算部分　→金額は加入状況により各人異なります

☆　厚生年金保険に20年以上加入した人が65歳になったときなどに，生計を維持している65歳未満の配偶者がいる場合に，老齢厚生年金に加算される配偶者加給年金額　→約39万円

☆　生計を維持している65歳未満の配偶者がいるときに障害厚生年金（1級・2級）に加算される配偶者加給年金額　→約22万円

☆　障害厚生年金3級の最低保障額　→年額約59万円

☆　障害手当金の最低保障額　→約117万円

☆　厚生年金保険に加入している人が亡くなったときなどに，40歳以上65歳未満の未亡人に遺族厚生年金の上乗せとして支払われる中高齢寡婦加算　→年額約59万円

☆　本人や被扶養者が出産したとき支払われる出産育児一時金・家族出産育児一時金　→一児につき原則42万円

☆　本人や被扶養者が亡くなったときに支払われる埋葬料・家族埋葬料　→5万円

　ケース3の「個人事業＋ミニマム法人」形態で法人から受ける報酬月額を低額とする場合も，それぞれの給付の支給要件に該当すれば，これらの定額給付を受けることができます。

（参考）　個人事業，法人，個人事業＋ミニマム法人税金比較表まとめ

　本章では，国民年金・国民健康保険加入の場合に比べて，厚生年金保険・健康保険加入の場合の保険料負担のメリット，および，給付のメリットについて詳しく解説しました。

　節税メリットについては本文で詳しく記載しませんでしたが，大まかなイメージをつかんでいただけるよう，ポイントを一覧表にまとめておきます。

【図表29】 ケース１ , ケース２ , ケース３ でかかる税金

		1. 所得税	2. 個人住民税	3. 個人事業税	4. 法人税等	5. 合計年間税額 （1＋2＋3＋4）
ケース１ 個人事業 のまま	43歳・東京都 本人所得420万円 配偶者有（40歳・所得０円） 子１人（16歳）	96,300円	201,200円	97,500円	－	395,000円
ケース２ 事業の全部を法人化すると	報酬月額35万円で協会けんぽ加入の場合	52,700円	115,800円	－	70,000円 （法人住民税均等割）	238,500円 （減156,500円）
ケース３ 事業の一部を法人化すると	報酬月額６万円で協会けんぽ加入の場合	91,400円	191,700円	37,500円	70,000円 （法人住民税均等割）	390,600円 （減4,400円）

税金の比較（2021年分）

　【図表29】の３つのケースの，合計年間税額について以下説明します。

1．所得税は，復興特別所得税を加算した金額です。

2．個人住民税は，所得割税率10％・均等割税額5,000円で試算した結果です。

3．個人事業税は，税率５％で試算しています。

　個人事業税の税率は業種により３％，４％，または５％です（個人事業税がかからない業種もあります）。

　青色申告特別控除は65万円適用の場合で試算しています。青色申告控除（55万円・65万円・10万円）を受けるための要件は，以下を参照ください。

（国税庁ホームページ） https://www.nta.go.jp/taxes/shiraberu/taxanswer/shotoku/2072.htm

4．法人税等は法人所得が０円の場合の試算です。法人所得が生じた場合は，法人税や法人事業税等がかかります。

☆　試算を単純にするために，消費税の試算は省略しています。

　消費税に関しては，2023年10月１日から適格請求書等保存方式（インボイス制度）が導入されることに注意が必要です。

☆　ケース2は，ケース1に比べて年間社会保険料合計負担額が約24万円増えますが（64ページ【図表９】ケース2の３．），合計年間税額が約16万円減ります（164ページ【図表29】ケース2の５．）。

　法人設立費用や決算申告手続きなどを税理士に依頼する場合の税理士費用等もかかること，年金・医療保険の給付が手厚くなることや手取り金額等も勘案して，法人化するかどうかを検討することとなりま

すが，事業の全部を法人化する場合は，もう少し所得金額が多くなっ
てから検討し始める人が多いと思われます。

☆ ケース3 は，年間所得300万円の事業を個人事業として残し，年間
所得120万円の事業のみを法人化して法人から報酬月額6万円を受け
ると想定して試算しています。

☆ ケース3 は， ケース1 に比べて年間社会保険料合計負担額が約79万
円減り（64ページ【図表9】 ケース3 の3.），合計年間税額はほぼ同
額（4,400円減）となります（164ページ【図表29】 ケース3 の5.）。
　法人設立費用や決算申告手続きなどを税理士に依頼する場合の税理
士費用等もかなり賄えます。年金・医療保険の給付もある程度手厚く
なります。

☆ 　住所，家族構成，本人や配偶者等の所得金額，事業の種類・実態，
事業ごとの売上や経費，法人から受ける報酬・賞与額等により試算結
果は変わります。
　従業員がいる場合は，事業ごとの従業員数，各人の年齢，報酬・賞
与額も勘案する必要があります。
　税理士に相談して，事前に税額シミュレーションを行うことが重要
です。

~ *Column* ~

　ミニマム法人でも一般的な法人化のメリットを受けられる

　ミニマム法人設立であっても法人設立には変わりありませんので，法人設立により生じる次のような一般的なメリットが生じます。

・株式会社や合同会社は責任が有限（倒産したときに出資額を
　限度としてのみ責任を負う）
・役員給与を損金算入できる
・給与所得控除が使える
・原則として2事業年度消費税免税
・個人事業なら青色純損失の繰越控除3年
　→法人なら欠損金の繰越控除10年
・法人の決算月を自由に決められる
・大企業との取引や融資時等の信用
　など

　次ページからは，退職金・老後資金の積立に活用できる制度や事業承継と「個人事業＋ミニマム法人」に関して，ポイントをお伝えします。

> ## 💰 退職金・老後資金積立制度，事業承継と
> ## 「個人事業＋ミニマム法人」

小規模企業共済について

　個人事業主・フリーランスが所得税・住民税を節税しながら退職金・老後の生活資金を積み立てることができる定番の制度として，国の機関である独立行政法人中小企業基盤整備機構が運営する「小規模企業共済」があります。

　これは，常時使用する従業員の数が20人以下の個人事業主・フリーランスや法人代表者・役員が加入できます。

　また，商業（卸売業・小売業）やサービス業（宿泊業・娯楽業を除く）の場合は，常時使用する従業員の数が5人以下の個人事業主・フリーランスや法人代表者・役員が加入できます。

　掛金は月額1,000円から7万円までの範囲内（500円単位）で自由に選べ，増額・減額もできます。

　掛金は小規模企業共済等掛金控除として全額所得控除の対象となり，掛金の前納もできます（1年以内の前納掛金も，課税対象となる所得から控除できます）。

　加入時の年齢制限や満期はありません。

　個人事業主・フリーランスが加入した場合は，掛金納付月数6か月以上で，次のいずれかの事由が生じたときに共済金を受け取ることができます。

共済金 A	全ての個人事業を廃業した 共済契約者が亡くなった
共済金 B	老齢給付（65歳以上で180か月以上掛金を払い込んだ）

　そのほか，個人事業を法人成りした結果，加入資格がなくなったため，解約をした場合には，準共済金が支払われます（掛金納付月数が12か月以上必要です）。

　共済金の受取りは，一括受取りまたは分割受取りを選べます（要件を満たせば，一括受取り・分割受取りの併用も選べます）。

　一括で受け取った場合は退職所得扱いとなり，分割で受け取った場合は雑所得（公的年金等扱い）となります。

　なお，掛金納付月数240か月未満で任意解約した場合の解約手当金は掛金合計額を下回ります（掛金納付月数12か月未満の場合は，解約手当金や準共済金は受け取れません）。

　小規模企業共済は，掛金を外部に積み立てて，全ての個人事業を廃業した場合等にそれまで払い続けてきた掛金に応じた共済金をもらうもので，個人事業主の退職金・老後資金積立として使える制度です。

　掛金を払う際も，共済金をもらう際も所得税等の節税となりますので有利に外部積立ができます。

　掛金の納付期間に応じた貸付限度額の範囲内で事業資金等を借り入れることもできます。

　なお，小規模企業共済は一人１契約です。したがって，個人事業＋ミニマム法人の場合，個人事業主・フリーランスとしてか法人代表者・役員としてか，いずれかで入ります。個人事業主・フリーランスと法人代表者・役員の両方で１契約ずつ合計２契約加入することはできません。

　個人事業主・フリーランスとして個人事業の廃業まで入り続けて共済金Ａ（最も手厚い共済金）をもらい，その後，法人代表者・役員として加入しなおすことはできます。

　例えば，法人代表者・役員として180か月以上掛金を納めた65歳以上

の人や，6か月以上掛金を納めて65歳以上で退任した人などは，共済金
B（共済金Aに次いで手厚い共済金）をもらうことができます。

　個人事業を廃業する前に個人事業主・フリーランスから法人代表者・
役員へ契約主体変更はできません。

　（比較）個人事業の全部を法人化しその法人の代表者・役員になる場合
は，個人事業の廃業届の写し等を添付して掛金納付月数を引き継げます。

　なお，法人代表者・役員が共済金Aをもらえるのは法人が解散した
ときのみです。

　（参考）法人代表者・役員として加入した場合の共済金・準共済金

共済金A	法人が解散した場合
共済金B	病気，ケガの理由により，または65歳以上で退任した場合 共済契約者が亡くなった場合 老齢給付（65歳以上で180か月以上掛金を払い込んだ人）
準共済金	法人の解散，病気，ケガ以外の理由により，または65歳未満で役員を退任した場合

経営セーフティー共済について

　小規模企業向けの制度として，独立行政法人中小企業基盤整備機構が
運営する「経営セーフティー共済」もあります。

　これは，取引先が倒産した場合に，そのあおりを受けて自社が連鎖倒
産したり経営難に陥ることを防ぐために，毎月掛金を積み立てておくと
いうものです。

　経営セーフティー共済は，個人も法人も加入できます。

　掛金は月額5,000円から20万円の間で5,000円単位で自由に設定できま
す。

　個人事業主・フリーランスが払った掛金は全額必要経費に算入できますので，所得税等の節税になります（事業所得がある場合）。法人が払った掛金は全額損金算入できますので，法人税等の節税になります（法人所得がある場合）。

　掛金の前納もできます（1年以内の前納掛金も，払い込んだ期の必要経費または損金に算入できます）。

　掛金は，掛金総額が800万円になるまで積み立てることができます（加入後も掛金の増額・減額ができます）。

　「経営セーフティー共済」を利用することで，所得税等または法人税等を節税しながら，いざというときのための資金調達準備ができるようになります。

　取引先事業者が倒産したことにより売掛金債権等の回収が困難となった場合には，共済金の借入れ（無担保・無保証人）が受けられます。

　借入れの限度額は，被害額と納付した掛金総額の10倍に相当する額とのいずれか少ない額となります。借入額は原則，50万円から8,000万円で5万円単位の額です。

　取引先事業者が倒産していなくても，臨時に事業資金を必要とする場合に，解約手当金の95％を上限として借入れできる「一時貸付金」もあります。

　任意解約した場合でも，掛金を12か月以上納めていれば掛金総額の8割以上が戻り，40か月以上納めていれば掛金全額が戻ります（12か月未満は掛け捨てとなります）。解約後あらためて加入することもできます。

　「個人事業＋ミニマム法人」の場合，「経営セーフティー共済」は個人で加入することも法人で加入することもできます。個人で1契約，別途法人で1契約入ることもできます。法人が複数ある場合は，各法人が1

172

契約加入できます。

　ただし，加入できるのは事業継続1年以上経ってからです。もともと個人事業を1年以上行っており，個人事業とは別に法人を設立した場合でも，法人で事業継続1年以上経ってからでないと，法人で加入することはできません。

> （比較）個人事業の全部を法人化する場合は，個人から法人へ契約を引き継ぐことができます。

　なお，法人で経営セーフティ共済を契約することにより，将来解約して法人が受け取る解約手当金（益金）を役員退職慰労金（原則として損金となる。次項参照）に充てることもできるようになります。

法人の代表者・役員は法人から役員退職慰労金を受けられる

　個人事業の一部または全部を法人化して法人代表者・役員となった場合は，退任するときに，法人から役員退職慰労金を受けることもできます。

　役員退職慰労金の受取りに際しては，次のとおり退職所得控除額が大きくなります。

＜退職所得控除額の計算式＞

① 勤続年数20年以下の場合	退職所得控除額＝40万円×勤続年数（80万円に満たない場合は，80万円）
② 勤続年数20年超の場合	退職所得控除額＝800万円＋70万円×（勤続年数－20年）

（※）勤続年数に1年未満の端数があるときは1年に切り上げます。

　また，役員勤続年数が5年超の場合は「役員退職慰労金の額－退職所

得控除額」の全額ではなく2分の1が退職所得の金額となります。

　さらに，退職所得は他の所得と分離して課税されます。

　以上のように，**退職所得は，給与所得に比べて所得税等が少なくなる**ように優遇されています。

　法人が役員退職慰労金を払った場合，不相当に高額な部分の金額を除き，原則として損金算入されます。つまり，法人が支払うべき法人税等が節減できるということです（法人所得がある場合）。

　なお，役員給与と異なり，**役員退職慰労金については，社会保険料（会社負担分および本人負担分）はかかりません。**

　退任時（や在任中の死亡時）に会社から退職金を支給できるようになることは，法人設立による大きなメリットの1つです。

　一般的な役員退職慰労金の算定基準である功績倍率方式に基づいた役員退職慰労金制度を設けた場合，在任中の最終報酬月額が10万円であったとしても，30年間法人代表者として勤務した人の役員退職慰労金を計算すると900万円程度となります。

最終報酬月額10万円×役員在任年数30年×役位別功績倍率3.0＝900万円

　　（役位別功績倍率は例示です）

　この場合，他に退職所得がなければ十分退職所得控除額の範囲内ですので，受け取った本人の所得税等負担はありません。

　また，支払った会社のほうも，「不相当に高額な部分の金額」（法人税法第34条第2項）が生じなければ，原則として全額損金計上できます。

　ただし，支払い時に法人に預貯金等があるか，金融機関から法人で借入れするなどして資金を準備できなければ，実際には役員退職慰労金を

現金で支払うことはできません。

　年数をかけて法人にお金を留保していく場合は，毎事業年度分の法人税等を支払った後に残ったお金を貯めていくこととなります。

企業型確定拠出年金（選択制確定拠出年金）にも加入できる。

　国からもらえる年金を補完するために，役員・従業員の福利厚生制度として「企業年金」を採用している企業もあります。

　企業年金には，次の3種類があります。

- 確定給付企業年金（DB）
- 企業型確定拠出年金（DC）
- 厚生年金基金

　このうち，企業型確定拠出年金（DC）とは，その名のとおり，企業が拠出する（支払う）掛金は確定しているものの，代表者・役員・従業員が将来もらう老齢給付金は運用実績に応じて変わり，いくらもらえるか確定していない，というタイプの企業年金です。

　企業が拠出した掛金は，信託銀行等資産管理機関の個人別の確定拠出年金口座に管理され，個人別に管理された掛金をどのような金融商品で運用するかは役員・従業員自身の判断で選びます。

　60歳時点で通算加入者等期間が10年以上ある場合なら，60歳から老齢給付金をもらう権利が生じます（老齢給付金をもらい始めるのを最高70歳まで遅らせることができます）。

　2022年5月からは加入可能年齢の上限が65歳未満から70歳未満に引き上げられ，2022年4月からは，もらい始めるのを最高75歳まで遅らせることができるようになります。

　個人型確定拠出年金（iDeCo）とは異なり，企業型確定拠出年金は，

会社単位で加入し，原則として厚生年金保険に加入している人全員が加入できます。

「選択制」確定拠出年金とは

　企業型確定拠出年金には，「選択制」といわれるタイプのものもあります。

　これは，代表者・役員や従業員の老後資金準備のための福利厚生制度を企業単位で導入するものの，企業型確定拠出年金を利用するかどうかや掛金額の設定を，代表者・役員・従業員が1人ひとり自由に選べる，というものです。

　「個人事業＋ミニマム法人」の場合も，ミニマム法人において，将来従業員を採用したときのための福利厚生制度として準備しておくことで導入できます。

企業型確定拠出年金のメリット

　選択制確定拠出年金を含む企業型確定拠出年金は，

① 　法人が掛金を支払った時
② 　掛金を運用している間
③ 　老齢給付金を受け取った時

のいずれにおいても税法上の優遇措置を受けることができます。

① 　法人が掛金を支払った時

　会社が払った掛金は全額損金算入されます。

　また，掛金は本人の給与所得にかかる収入金額に含まれないため，所得税・住民税はかかりません。社会保険料（会社負担分・本人負担分）もかかりません。

　なお，加入者ごとの掛金の上限は年額66万円（月額55,000円）です
（確定給付企業年金や厚生年金基金に加入していない場合）。

②　掛金を運用している間

　掛金の運用で生じる利息・運用益は非課税です（個人別管理資産には
特別法人税1.173％が課税されることとなっています。ただし，1999年
4月1日以降，特別法人税の課税は凍結が続いています）。

③　老齢給付金を受け取った時

　老齢給付金は，規約の定めるところにより，一時金，年金，または一
時金・年金併用で受け取ります。

　老齢給付金を一時金で受け取ると，退職所得となります。
　172ページで述べたとおり，退職所得は給与所得に比べて，所得税等
負担が軽減されるメリットがあります。

　（注）退職手当等を受けた年の「前年以前4年内」に受けた他の退職手当等の
　　勤続期間との重複期間分を控除して退職所得控除額を求めることとなっていま
　　す。
　　　確定拠出年金に係る老齢給付金（一時金）を受けた場合は，その年の「前年
　　以前14年内」（2022年4月以降は，その年の「前年以前19年内」）に受けた他の
　　退職手当等の勤続期間との重複期間分を控除して退職所得控除額を求めること
　　となっています。
　　　したがって，退職所得扱いとなるものを複数受け取る場合は，それぞれの受
　　取り時期・受け取る順番に注意が必要です。
　　　選択制確定拠出年金の老齢給付金（一時金）と法人からの役員退職慰労金や
　　小規模企業共済の一時金を受ける場合は，例えば次のように確定拠出年金を先
　　に受けると，退職所得控除を2回利用できるのでお得です。
　　・60歳で選択制確定拠出年金の老齢給付金を一時金で受け取り，65歳で退職
　　　時に法人から役員退職慰労金を一時金で受け取る
　　・65歳で選択制確定拠出年金の老齢給付金を一時金で受け取り，70歳で退職
　　　時に小規模企業共済の共済金を一時金で受け取る

　一方，老齢給付金を年金で受け取ると，雑所得（公的年金等扱い）となります。公的年金等に係る雑所得の金額は，その年の公的年金等の収入額から公的年金等控除額を控除して計算されます。

税金の優遇措置を受けながら老後資金積立ができる

　2019年6月に老後資金2,000万円不足問題が大きく報道され，個人型確定拠出年金（iDeCo）やつみたて NISA が注目を浴びました。

　しかし，法人や「個人事業＋ミニマム法人」形態で法人代表者・役員として厚生年金保険に加入する場合は，老後資金積立てのための自助努力制度として，選択制確定拠出年金にも注目したいところです。

【事例】
　40歳から60歳までの20年間，毎月5.5万円の選択制確定拠出年金の掛金を法人が拠出すると，掛金合計は1,320万円となります。

$$掛金月額5.5万円 \times 20年 \times 12か月 = 1,320万円$$

　毎月5.5万円が個人の確定拠出年金口座に積み立てられ，税金の優遇措置を受けながら，老後資金の積立てができるようになります。

　確定拠出年金ですから，将来もらえる給付額は確定ではなく運用次第で変わります。

　ただ，運用商品の選択に自信がない場合は，利回りは高くないものの元本を割る危険がない定期預金等の商品を選べばよいわけです。

　利息・運用益がほとんど出なかったとしても，5.5万円を報酬月額（給与所得）としてもらって税金・社会保険料控除後の手取給与の一部を定期預金に充てるよりも，有利となります。

　また，毎月5.5万円報酬月額を上げるのと異なり，所得税等の負担も増えません。

　法人にとっても報酬月額を5.5万円上げる場合に比べ，選択制確定拠出年金を導入して月額5.5万円を掛金にあてる場合のほうが，社会保険料の会社負担分が不要なだけ会社の経費負担額が少なくなります。

選択制確定拠出年金利用時の注意

　ただし，一般に，制度の導入時には初期費用がかかります。継続費用（毎月の手数料）もかかります。

　制度導入の前には，初期費用・継続費用も確認しておくことが大事です。

　また，原則60歳までは掛金の引き出しができませんし，一度加入すると原則としてやめられないことにも十分注意が必要です。

　標準報酬月額が下がる程度まで報酬月額を引き下げて，引き下げた分を選択制確定拠出年金の掛金に充てる場合は，将来もらう年金額や傷病手当金等の支給額が減るデメリットもあります。

　なお，法改正により2022年10月以降，企業型確定拠出年金加入者は，規約の定め等がなくても，拠出限度額（月額5.5万円）から事業主掛金を控除した残余の範囲内で個人型確定拠出年金（iDeCo）に加入できるようになります（確定給付企業年金や厚生年金基金に加入していない場合のiDeCoの掛金の上限は月額2万円）。

　ただし，企業型確定拠出年金において加入者掛金を拠出（マッチング拠出）している場合などは，iDeCoに加入できません。

（参考）個人で国民年金基金に加入している場合

　現在個人で国民年金基金に入っている方もいらっしゃるでしょう。

　個人事業の全部を法人化する場合と同様，個人事業の一部を法人化して「個人事業＋ミニマム法人」となる場合も，法人代表者・役員として厚生年金保険に入ると国民年金の第２号被保険者となります。

　したがって，国民年金の第１号被保険者（および65歳未満の任意加入被保険者）のための上乗せ制度である国民年金基金には入れなくなります。

　厚生年金保険に入った人の被扶養配偶者（健康保険の被扶養者となる配偶者）で20歳以上60歳未満の人も，国民年金の第３号被保険者となりますので，国民年金基金には入れなくなります。

　ただし，夫婦とも，それまでに払った掛金は掛け捨てにはならず，将来，年金としてもらえます。

法人化した事業は，代表者交代で簡単に後継者に引き継ぐことができる

　2019年４月１日から，個人事業者が事業用資産を後継者に贈与・相続した際に課される贈与税・相続税の納税猶予・免除措置が創設されました（個人版事業承継税制）。

　個人版事業承継税制は2019年４月１日からの10年間限定の特例措置であり，土地，建物，機械，器具備品等の事業資産を対象として100％納税猶予を受けることができます。

　2019年４月１日からの５年以内（2024年３月31日まで）に都道府県知事に対して個人事業承継計画を提出した上で，2019年１月１日から2028年12月31日までに事業用資産を後継者に承継すれば，この制度の適用が受けられます。

　ただし，個人版事業承継税制は，事業用小規模宅地特例との選択制となっています。

　一方，法人の場合は，非上場株式は法人版事業承継税制を使わないと納税猶予・免除措置が適用されません。

　ただし，法人所有の資産については，代表者が交代しても引き続き法人所有のままですので，比較的簡単に事業を後継者に引き継がせることができます。

　将来後継者に事業を譲るつもりの人や事業を売却したい人は，どの事業を引き継いでもらいたいか・どの事業を売却したいかも考えて，どの事業を個人事業として残し，どの事業を法人で行うこととするかを検討することが重要でしょう。

【図表30】 事業承継税制の概要

個人版事業承継税制（※）		法人版事業承継税制
相続税・贈与税の納税猶予制度	税制	相続税・贈与税の納税猶予制度
2019年度からの10年間（2019年1月1日から2028年12月31日までに行われた贈与・相続が対象）	期間	2018年度からの10年間（2018年1月1日から2027年12月31日までに行われた贈与・相続が対象）
100%	猶予割合	100%
土地，建物，機械・器具備品等	対象資産	非上場株式
・承継円滑化法に基づく認定 ・事業継続要件　　　　等	要件	・承継円滑化法に基づく認定 ・事業継続要件　　　　等

（※）事業用小規模宅地特例との選択制
（出典）2019年版小規模企業白書（https://www.chusho.meti.go.jp/pamflet/hakusyo/2019/PDF/shokibo/00sHakusho_zentai.pdf）

第 **4** 章

「個人事業＋ミニマム法人」化
のデメリット

　法人化のデメリットとして，設立に費用がかかることや手続きに手間がかかることが挙げられます。

　しかし，「個人事業＋ミニマム法人」化の場合は，年金・医療保険料の負担減により，これらの課題が解決できる事例が多く，「０円法人化」が可能となるケースもあります。

　ただし，ミニマム法人設立後に役員給与額を引き上げたり役員数・従業員数を増やすと，保険料負担が増えることには注意が必要です。

💰　法人化の課題とは？

　中小企業白書（2014年版）では，小規模事業者の法人化する際の課題
についてのアンケート調査結果が紹介されていました（**図表31**）。

【図表31】小規模事業者の組織形態別法人化する際の課題

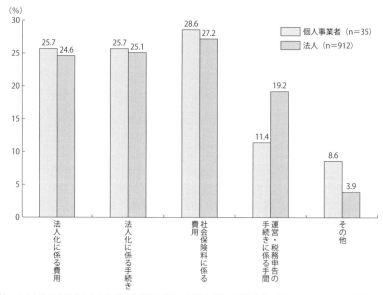

資料：中小企業庁委託「中小企業者・小規模企業者の経営実態及び事業承継に関するアンケート調査」（2013
　　　年12月, ㈱帝国データバンク）
（注）1. 個人事業者については,「今後法人化を考えている事業者」又は「法人化を考えていたが断念した」
　　　　事業者について集計している。
　　　2. 法人化する（した）際の課題について1位から3位を回答してもらった中で, 1位として回答された
　　　　ものを集計している。

　これによると，個人事業者（今後法人化を考えている事業者，または，
法人化を考えていたが断念した事業者），法人の両者ともに「**法人化に**

係る費用」,「法人化に係る手続き」,「社会保険料に係る費用」という回
答が多くなっています。

　この調査結果を踏まえて白書では,「法人化前に想定した課題と法人
化した後で実際に直面した課題は, ほぼ同じであることが分かる」と述
べられています。

　個人事業の全部を法人化する場合も,「個人事業＋ミニマム法人」の
場合も, 法人化する際の主な課題（デメリット）として, これらの3つ
が想定されます。

　3つの課題のうち,「社会保険料に係る費用」については, 個人事業
の全部を法人化するのではなく「個人事業＋ミニマム法人」形態の採用
により解決が可能であることを, 第3章で確認しました。

　この章では, その他の「法人化に係る費用」,「法人化に係る手続き」
について, どれぐらいの費用・手間がかかるのかを概観していきます。

1　法人化に係る費用について

法人設立費用がかかる

　法人を設立する際には費用がかかります。株式会社を設立する際には,
24万円強の費用となります。

　定款認証手数料5万円, 定款印紙代4万円や登録免除税15万円が必要
ですし, その他, 定款謄本代・登記事項証明書代・印鑑証明書代もかか
ります。

　電子定款認証対応の司法書士や行政書士に手続きを依頼すると定款印
紙代4万円が不要になりますが, 逆に司法書士や行政書士への報酬が必
要となります（報酬額は, 各司法書士事務所・各行政書士事務所により
異なります）。

　しかし，合同会社（小規模事業の法人化などに際して利用されること
が最近増えている法人形態です）を設立するのであれば，安い費用で法
人を設立できます。

　合同会社設立の場合は，定款認証手数料が不要です。定款印紙代4万
円，登録免許税6万円，登記事項証明書代，印鑑証明書代の合計10万円
強で法人設立ができます。

　こちらも，電子定款認証対応の司法書士や行政書士に手続きを依頼す
ると定款印紙代4万円が不要になりますが，司法書士や行政書士への報
酬が必要となります。

　（※）登録免許税の額は15万円（株式会社の場合）・6万円（合同会社の場合）
　　と「資本金×1,000分の7」とのいずれか大きい額です。

　政府統計ポータルサイト「e-Stat」の統計表（「会社及び登記の種類別
　会社の登記の件数」）によると，2020年の法人設立件数118,999件のうち，
株式会社は85,688件（約72%），合同会社は33,236件（約27.9%）です。

　インターネット上で格安費用で法人設立業務を請け負っている専門家
や，必要事項を入力するだけで法人設立に必要となる書類が作成できる
サービスを無料または安価で提供している業者もあります（業者によっ
ては，設立後の税理士との契約や各種サービスの利用・物品購入などが
契約条件となっているケースもあるようですので，契約内容を十分ご確
認ください）。

　なお，法人化に際しては法人実印や銀行印なども必要となります。そ
の他，法人の資本金に充てるお金も必要です。資本金は，法人の事業の
ためにのみ使えるお金です。

　資本金の額は法人で使う初期費用の額や法人から受ける役員給与額，
その他の運転資金によりますが，ミニマム法人の場合は少額でよいケー
スが多いでしょう。

赤字でも法人住民税が年7万円かかる

　法人を設立した後，毎年必ずかかる固定費としては，**法人住民税（均等割）**があります。

　これは，**赤字法人であっても年間7万円は必ず負担する必要があります**（資本金1千万円以下，従業者数50人以下，東京都などの場合）。

法人の決算申告等を税理士に依頼すると費用がかかる

　「個人事業＋ミニマム法人」化は，個人事業の帳簿作成・所得税の申告手続きとは別に，法人の帳簿作成・決算書作成・法人税の申告手続きが必要となります。

　法人の帳簿作成・決算書作成・法人税の申告手続き業務などを税理士に委託する場合は，税理士費用が毎年かかります。月額の顧問料にプラスして決算料金として顧問料の数か月分を請求する税理士事務所が多いようですが，具体的な金額は各税理士事務所によって異なります。インターネット上で安価に請け負っている事務所もあります。

　帳簿の作成や会計ソフトへの入力を自社で行い，決算申告業務のみ税理士に依頼して税理士報酬を節約することもできるでしょう。自分の会社だけでなく，「個人事業＋ミニマム法人」形態で事業を行う同業の友人も何人かまとめて紹介すれば，報酬を割引してくれる税理士事務所もあるかもしれません。

　また，インターネット上では安価な法人税申告書作成ソフトも販売されています。

　そもそも，ミニマム法人設立当初は，法人の税引前利益は0円か少額のことが多いでしょう。したがって，支払うべき法人税等の額も少ないはずです。

　また，業種や業態にもよりますが，法人における取引件数も初めは少ないでしょう。

　税理士の顧問料のように毎月かかる固定経費は，最初のうちはできる

限り節約するのがよいでしょう。

2　法人化に係る手続きについて

法人設立の手続きについて

　従来から日本の法人設立手続きは煩雑と言われてきました。

　これまでは，公証役場や法務局への手続きだけでなく，税務署や地方公共団体，年金事務所（日本年金機構）にも必ずそれぞれ届出が必要でした。同居の親族以外の従業員を雇っている場合は，労働基準監督署や公共職業安定所（ハローワーク）にもそれぞれ届出が必要でした。

　世界銀行が公表している「事業環境ランキング2020」（2019年10月24日公表）においても，日本の総合ランキングは先進国で18位，全体では29位ですが，法人設立分野に限ると先進国で30位，全体では106位と評価が低くなっていました。

　しかし，2021年2月26日から，法人設立に必要な様々な手続きが一元化され，インターネットで一度で済ますこともできるようになりました（法人設立ワンストップサービス）。

　これらの手続きは，政府が開設した専用ウェブサイト「マイナポータル」でマイナンバーカードを使って行うことができます。

　なお，申請には，法人代表者のマイナンバーカード，マイナンバーカード対応のスマートフォンまたはパソコン，ICカードリーダライタ（パソコンを利用の場合），マイナポータルAPのインストールが必要です（マイナポータルAPはマイナポータルトップページ下部の「動作環境」ページからインストールできます）。

　法人設立ワンストップサービスの操作に関するお問い合わせについては，ヘルプデスク（0120－95－0178）やお問い合わせフォームが用意さ

れています。

（参考）

　法人設立ワンストップサービスから申請可能な手続一覧

　「必須」がついている手続は法人設立後，一定期間内に必要な手続きです。
　給与支払事務所等の開設等届出は給与支払事務所等を開設してから 1 か月以内に提出が必要です。

申請先機関	摘　　要
公証役場	・電磁的記録の認証の嘱託（定款認証） ・電子署名付委任状の申請 ・執務の中止の請求（定款認証の取下げ等）
法務局	・設立登記の申請　※株式会社の定款認証同時申請用 ・設立登記の申請　※合名・合資・合同会社用及び株式会社の 　定款認証同時申請以外用 ・設立登記申請の取下
税務署	・**法人設立届出　必須** ・**給与支払事務所等の開設等届出　必須** ・消費税の新設法人に該当する旨の届出 ・青色申告の承認申請 ・棚卸資産の評価方法の届出 ・減価償却資産の償却方法の届出 ・有価証券の一単位当たりの帳簿価額の算出方法の届出 ・申告期限の延長の特例の申請 ・消費税課税事業者選択届出 ・消費税簡易課税制度選択届出 ・消費税課税期間特例選択・変更届出 ・源泉所得税の納期の特例の承認に関する申請 ・電子申告・納税等開始（変更等）届出（税理士代理提出・ 　法人開始用）

	・消費税の特定新規設立法人に該当する旨の届出 ・事前確定届出給与に関する届出（付表1：金銭交付用） ・事前確定届出給与に関する届出（付表2：株式交付用） ・事前確定届出給与に関する届出（付表1：金銭交付用，付表2：株式交付用） ・消費税申告期限延長届出 ・適格請求書発行事業者の登録申請（国内事業者用）
地方公共 団体	**・法人設立・設置届（都道府県）　必須** **・法人設立・設置届（市町村）　必須** ・申告書の提出期限の延長の承認申請 ・事業所等新設・廃止申告
年金事務所	・健康保険・厚生年金保険　新規適用届 ※法人から報酬を受ける人がいない場合は不要
労働基準 監督署	・保険関係成立届（継続）（一元適用） ・保険関係成立届（継続）（二元適用労災保険分） ※同居の親族以外の従業員がいない場合は不要
公共職業 安定所	・雇用保険の事業所設置の届出 ・雇用保険被保険者資格取得届（2021年3月以降手続き） ※同居の親族以外の一定の従業員がいない場合は不要
経済産業省	ＧビズＩＤプライムアカウント発行申請

社会保険の定型手続きも電子申請で簡単になった

　法人設立後に必要となる厚生年金保険・健康保険関係の手続き（報酬月額・賞与支給額の届出，入社・退社時の届出等の手続き）についても，事業所の負担軽減のため，2020年4月より「ＧビズID」を利用した電子申請が開始されました。

　「ＧビズID」とは，1つのアカウントで複数の行政サービスにアクセスできる認証システムです。無料で取得できるアカウントで，電子証明書がなくても電子申請が可能となります。

（参考）

・「G ビズ ID」ホームページ

　https://gbiz-id.go.jp/top/

・日本年金機構ホームページ　「G ビズ ID」案内ページ

　https://www.nenkin.go.jp/denshibenri/denshishinsei/gbiz-id.html

　「G ビズ ID」のアカウント（gBizID プライムアカウント）の取得が完了していれば，「届書作成プログラム」または自社システム，労務管理ソフトで申請データの作成を行い，電子申請ができます。

　「届書作成プログラム」は，下記の主要な届書を簡易に作成・申請できるプログラムです。

・資格取得届，資格喪失届，算定基礎届，月額変更届，賞与支払届，被扶養者（異動）届，国民年金第3号被保険者関係届

　「届書作成プログラム」は，日本年金機構ホームページ（下記リンク先）より無料でダウンロードできます。

・日本年金機構ホームページ「届書作成プログラム」等の案内ページ

　https://www.nenkin.go.jp/denshibenri/program/download.html

　なお，電子申請の総合窓口（「e-Gov」）でも電子申請を行うことができます（G ビズ ID アカウントで e-Gov にログインした場合は，社会保険手続きをする際の電子証明書は不要です）。

　電子申請（e-Gov）では，上記の主要な届出書を含む多くの届書が申請可能です。

・日本年金機構ホームページ　「e-Gov」案内ページ

　https://www.nenkin.go.jp/denshibenri/denshishinsei/e-gov.html

　（※）従来どおり e-Gov から電子証明書を利用した電子申請も可能です。

合同会社なら，決算公告や役員の任期ごとの重任登記も不要

株式会社を設立すると，毎事業年度の決算について決算公告を行う法律上の義務が生じます。

また，（代表）取締役等役員の任期が到来するごとに重任登記が必要となります。

しかし，合同会社なら，決算公告は不要です。役員の任期もありませんので，重任登記も不要です。ですから，決算公告や重任登記の手間・費用はかかりません。

ミニマム法人設立で，特に法人名を表に出す必要性の少ない業種・事業・営業形態の場合は，合同会社活用でよいケースも多いでしょう。

なお，手間・費用はかかりますが，合同会社を設立した後で，合同会社から株式会社に変更することはできます。

ですから，当初は合同会社を設立しておいて，万一必要が生じたらその段階で株式会社に変更してもよいでしょう。

外部環境変化とミニマム法人活用で，０円法人化も可能に

以上のとおり，法人設立の際や設立後の各種手続きの手間があまりかからないような環境が整備されつつあります。

今後は，手続きの煩雑さが法人化のデメリットと意識されることも減るかもしれません。

事業者の多くがこれらの手続きを無理なく行えるようになれば，司法書士・行政書士や税理士・社会保険労務士といった専門家に対して，単純な手続き業務のみを依頼する人が減ることが予想されます。

そうなると，それぞれの専門家同士で競争が激化し，専門家に手続き業務を依頼する際にかかる料金も現在よりも安くなっていく可能性もあ

ります。

　法人設立費用，専門家に対して支払う報酬，その他法人化によって生ずる固定経費を含めても，「個人事業＋ミニマム法人」化により毎年生じることとなる年金・医療保険料の減額効果（64ページ【図表9】参照）でまかなえるのであれば，実質的な費用負担増のない「0円法人化」も可能となります。

　ご自分の場合で，「個人事業＋ミニマム法人」化により生じる費用と年金・医療保険料減額効果とがそれぞれいくらくらいになるか，事前にシミュレーションしておくことが重要です。

法人の解散・清算には手間・お金がかかるが休眠させることは可能

　さて，法人で事業を開始したものの，うまくいかずに事業を廃止したいと思った場合はどうなるでしょうか。

　個人事業の廃業手続きなら簡単で費用もかかりませんが，法人の解散・清算手続きは，合同会社であっても手間・費用がかかります。

　ただし，税務署や都道府県・市町村に休業届（異動届出書に休業した旨・日付を記載したもの）を提出することで会社を休眠させることは可能です。この場合でも，税務署への法人税申告書の提出は必要です。

　法人住民税の均等割は，自治体によっては減額や免除されることがあります。

　なお，法人が事業を廃止（解散）したときや事業を休止（休業）したとき，健康保険・厚生年金保険については，「適用事業所全喪届」（や被保険者資格喪失届）を日本年金機構に提出します

　被保険者資格を喪失した後，再度法人を新設したり休業していた法人で事業を再開して，法人から報酬を受ける人がいる状態となり健康保

険・厚生年金保険加入手続きを行うまでの間は，医療保険は国民健康保険加入（原則として75歳未満の場合）となり^(注)，年金は国民年金（20歳以上60歳未満の場合）加入となります（市町村に届出が必要です）。

(注) 医療保険については，資格喪失日の前日まで継続して2月以上健康保険に加入していれば，資格喪失日から20日以内に申出を行うことで，最高2年間健康保険の任意継続被保険者となることもできます。ただし，任意継続被保険者には原則として傷病手当金・出産手当金は支給されません。

〜 *Column* 〜

「法人化に係る費用」，「法人化に係る手続き」という課題も，「個人事業＋ミニマム法人」化の場合は，年金・医療保険料の負担減により解決できるケースが多い

これらの課題よりは，むしろ，ミニマム法人設立後に法人の売上・所得が増え，役員給与額を引き上げたり役員数・従業員数を増やすこととなった場合に，健康保険料・厚生年金保険料等が増えることに注意をしておくことのほうが重要です。

そこで，ミニマム法人設立後の社会保険料負担増に対応するために知っておきたい知識を，次ページからお伝えします。

3　社会保険に係る費用について

役員給与額が増えると，社会保険料負担が増える

　健康保険料や厚生年金保険料は，「標準報酬月額」や「標準賞与額」に保険料率を掛けて算出されます。

標準報酬月額	会社から受ける報酬月額（給与や手当の合計額）を区切りのよい幅で区分したもの（52ページ【図表5】参照）
標準賞与額	その月に受けた賞与額の千円未満を切り捨てたもの

　法人設立当初は低額の役員給与であっても，その後役員給与額を増やしたことによって標準報酬月額・標準賞与額が増えると，会社負担分・本人負担分の健康保険料・厚生年金保険料が増えます。

　（注）健康保険法・厚生年金保険法における「報酬」は，賃金，給料，俸給，手当，賞与その他いかなる名称であるかを問わず，会社から労働の対償として受ける全てのものをいいます（ただし，臨時に受けるものおよび3月を超える期間ごとに受けるものを除きます）。
　　　健康保険法・厚生年金保険法における「賞与」は，賃金，給料，俸給，手当，賞与その他いかなる名称であるかを問わず，会社から労働の対償として受ける全てのもののうち，3月を超える期間ごとに受けるものをいいます。

　法人代表者等経営に従事している役員は，法人から報酬を受けている限り，健康保険料は原則75歳になるまでかかり，厚生年金保険料は70歳になるまでかかります。

　長期にわたり毎月かかるものですから，役員給与額を上げるとどのくらい社会保険料が上がるのか，大まかなイメージをつかんでおく必要があります。

役員給与の約3割が社会保険料

40歳以上65歳未満で健康保険・厚生年金保険に加入する人について毎月かかる社会保険料率の内訳（会社負担分＋被保険者負担分）は次のとおりです（協会けんぽ・東京都　2021年12月現在）。

健康保険料	1,000分の98.4（会社と被保険者が折半負担）
介護保険料	1,000分の18（会社と被保険者が折半負担）
厚生年金保険料	1,000分の183（会社と被保険者が折半負担）
子ども・子育て拠出金	1,000分の3.6（全額会社負担）

（注1）被保険者が40歳未満の場合は介護保険料はかかりません。被保険者が65歳以上の場合は，介護保険料は健康保険料とともには徴収されず，原則として年金から天引きされる形でかかります。

（注2）協会けんぽの健康保険料（介護保険料を除いた部分）は，都道府県ごとに異なります。都道府県ごとの健康保険料率，全国一律の介護保険料率は毎年度改定されます。

（注3）子ども・子育て拠出金率は，今後も段階的に引き上げられる可能性があります（拠出金率の法律上の上限は，2021年度現在1,000分の4.5です）。

したがって，40歳以上65歳未満で報酬月額665,000円未満（健康保険・厚生年金保険ともに標準報酬月額65万円以下）の被保険者について毎月かかる社会保険料（会社負担分＋被保険者負担分）は次のとおりです。

標準報酬月額×1,000分の303（98.4＋18＋183＋3.6）

標準賞与額の上限（198ページ参照）以内の賞与を支給したときも，同率の社会保険料がかかります。

ざっくりいうと，会社が支給する報酬・賞与の約30%の社会保険料がかかります。

　健康保険料・介護保険料・厚生年金保険料は会社と被保険者本人が折半負担ですが，子ども・子育て拠出金は全額会社負担です。

　子ども・子育て拠出金は厚生年金保険の被保険者全員について会社が負担する必要があります（子どもがいない被保険者についてもかかります）。

　なお，被保険者負担分の保険料を会社は報酬・賞与から控除することができます（報酬から控除できるのは原則として前月分の保険料です）。給与・賞与から控除した被保険者負担分保険料約15％と，会社負担分保険料約15％の合計約30％の保険料を毎月会社は納付します。

　会社負担分保険料約15％は，支払った給与・賞与額とは別枠で負担が生じることとなります。報酬月額などを決めるときには注意が必要です。

配偶者も被保険者になると健康保険料・厚生年金保険料がかかる

　また，配偶者も役員などとして健康保険・厚生年金保険の被保険者となり，健康保険の被扶養者・国民年金の第3号被保険者とならなくなると，配偶者分の健康保険料・厚生年金保険料もかかります。

法人代表者・役員の保険料免除について

　なお，産前産後休業期間中（産前産後休業開始月から，その産前産後休業が終了する日の翌日が属する月の前月まで）の健康保険料・厚生年金保険料（会社負担分および被保険者負担分）は，出産する被保険者が法人代表者または役員の場合であっても，会社が手続きを行うことにより免除されます（免除された期間は年金給付に反映します）。

　しかし，法人代表者・役員は，育児・介護休業法に定められた育児休業ができる従業員とは異なり，育児休業期間中の健康保険料・厚生年金保険料の免除は対象外です。

従業員が増えると，社会保険料負担額が多くなる

従業員については，労働条件の不利益変更や解雇・雇止めが簡単にはできないように保護されています。

事業を取り巻く環境の変化や売上・利益の変動にも柔軟に対応して事業を継続していけるように，ミニマム法人では従業員は雇わず，必要に応じ外注・業務委託スタッフなどを活用することを基本とするのがよいでしょう。

もし，健康保険・厚生年金保険に加入させるべき勤務条件で従業員を雇用すると，法人の社会保険料負担額が増えます（同居の親族以外の従業員を雇用すると労災保険料や雇用保険料もかかりますが，これらは，健康保険料・厚生年金保険料に比べると安いです）。

法人化する事業で将来的に従業員を増やしていく可能性があるのであれば，給与・賞与や社会保険料の会社負担分といった人件費・法定福利費負担の増加についても，経営上念頭に置いておく必要があります。

将来社会保険料負担に悩むことがないように，知っておきたいこと

法人設立後，売上・所得が増加し役員給与額を増額できるようになると，社会保険料負担が重いと感じることがあるかもしれません。

そのような場合，代表者・役員の役員給与設定を変更することで対応すべき場面が出て来るかもしれません。

そこで，以下に，役員給与設定と社会保険料額について，知っておきたいことをまとめてお伝えします。

なお，以下の各試算における社会保険料は，40歳以上65歳未満の人が協会けんぽ・東京都の健康保険および厚生年金保険に加入の場合の会社負担分・被保険者負担分合計の年間社会保険料（健康保険料，介護保険料，厚生年金保険料，および子ども・子育て拠出金）です。

報酬月額と標準報酬月額との対応関係に注意しましょう

① 報酬月額25万円の場合

　報酬月額25万円，賞与なしとすると，毎月の社会保険料は，78,780円です（健康保険料＋介護保険料30,264円，厚生年金保険料47,580円，子ども・子育て拠出金936円）。

② 報酬月額249,999円の場合

　報酬月額249,999円，賞与なしとすると，毎月の社会保険料は，72,720円です（健康保険料＋介護保険料27,936円，厚生年金保険料43,920円，子ども・子育て拠出金864円）。

　報酬月額を1円下げると，毎月の社会保険料負担額合計が6,060円安くなります。これは，なぜでしょうか。

　保険料額表（52ページ【図表5】）を確認するとわかるとおり，

- 報酬月額25万円以上27万円未満の場合，標準報酬月額は26万円
- 報酬月額23万円以上25万円未満の場合，標準報酬月額は24万円

となります。

　毎月の役員給与に対する社会保険料は，実際の報酬月額（額面金額）に社会保険料率を掛けるのではなく，標準報酬月額に社会保険料率を掛けて算出されます。

　報酬月額25万円は，標準報酬月額26万円となる報酬月額の範囲（25万円以上27万円未満）の下限となる報酬月額です。

　したがって，実際に受けている報酬月額は250,000円であるものの，社会保険料を計算する上では26万円（標準報酬月額）として社会保険料が算出されます。

　一方，報酬月額249,999円は，標準報酬月額24万円となる報酬月額の範囲（23万円以上25万円未満）の上限となる報酬月額です。

　したがって，実際に受けている報酬月額は249,999円であるものの，社会保険料を計算するうえでは24万円（標準報酬月額）として社会保険料が算出されます。

　このように，**同一の標準報酬月額となる報酬月額の範囲の中で，下限に近い報酬月額とするよりは，上限に近い報酬月額とするほうが，社会保険料については得をする**といえます。

　同一の標準報酬月額となる報酬月額の範囲は，○円以上○円「未満」となっているところ，○円以上○円「以下」と読み間違えて，1等級上の標準報酬月額となる下限ピッタリの報酬月額としてしまう人も多いですので，注意しましょう。

一定額を超えて報酬月額・賞与を受けても保険料はかからず，年金額には反映しない

　すでにみたとおり，健康保険料・厚生年金保険料等は，標準報酬月額や標準賞与額に保険料率を掛けて算出されます。

　保険料額表を確認するとわかるとおり，健康保険の標準報酬月額にも厚生年金保険の標準報酬月額にも，次のとおり上限額が設けられています。

健康保険の標準報酬月額の上限額	139万円（報酬月額1,355,000円以上）
厚生年金保険の標準報酬月額の上限額	65万円（報酬月額 635,000円以上）
健康保険の標準賞与額の上限額	保険者ごとに年度（4月から翌年3月まで）累計で573万円

厚生年金保険の標準賞与額の上限額	1月あたり150万円

　報酬月額・賞与額が標準報酬月額・標準賞与額の上限に達するまでは，報酬月額・賞与額が増えれば増えるほど健康保険料（40歳以上65歳未満の場合は介護保険料を含む）・厚生年金保険料（子ども・子育て拠出金を含む）が増えます。

　しかし，135万5千円を超える報酬月額を受けても，超えた部分に健康保険料はかかりません。

　また，63万5千円を超える報酬月額を受けても，超えた部分に厚生年金保険料はかかりません。

　そして，同一の保険者が運営する健康保険に加入した期間のみで同じ年度に573万円を超える賞与（年3回以下支給の事前確定届出給与等。以下同じ）を受けても，超えた部分に健康保険料はかかりません。

　1月あたり150万円を超える賞与を受けても，超えた部分に厚生年金保険料はかかりません。

　さらに，135万5千円を超える報酬月額を受けても，超えた部分は，傷病手当金等健康保険の標準報酬月額を基に支給額が決定される給付には一切反映しません。

　63万5千円を超える報酬月額を受けても，超えた部分は，老齢厚生年金（報酬比例部分）等厚生年金保険加入中の標準報酬月額が支給額に影響する給付には一切反映しません。

　なお，賞与（3月を超える期間ごとに受けるもの）は，受給額にかかわらず，健康保険の給付には反映しません。

　1月あたり150万円を超える賞与を受けても，超えた部分は，老齢厚

生年金（報酬比例部分）等厚生年金保険加入中の標準賞与額が支給額に影響する給付には一切反映しません。

　63万5千円を超える報酬月額や，1月あたり150万円を超える賞与を受けても，将来の年金額にまったく反映しないことは，役員給与額を決定する際に知っておいたほうがよいでしょう。

　これらを超える役員給与をもらっても，将来の年金額が増えないのであれば，役員給与をさらに増額するのではなく，選択制確定拠出年金の掛金や経営セーフティー共済の掛金として拠出するなどして将来に備えた自助努力策を採るほうが，費用対効果（負担額に対する給付額の割合）は高いのでよいと考える人も多いでしょう。

役員給与設定による社会保険料の違いに注意

　法人代表者・役員の社会保険料は役員給与の年間総額に応じて決まる，とのざっくりした説明がされることもよくあります。

　しかし，代表者・役員の社会保険料は，役員給与の年間総額によって決まるものではありません。

　例えば，同じ役員給与年額600万円であっても，具体的な役員給与設定によって年間社会保険料（会社負担分＋被保険者負担分。健康保険料，介護保険料，厚生年金保険料，子ども・子育て拠出金の合計額）は次のとおり異なります（40歳以上65歳未満，協会けんぽ・東京都加入の場合，2021年度）。

(1)　定期同額給与50万円×12か月
　　　1,818,000円
(2)　定期同額給与40万円×12か月＋事前確定給与120万円を毎年1回支給
　　　1,854,360円
(3)　定期同額給与30万円×12か月＋事前確定届出給与240万円を毎年1回支給

　　1,650,060円
⑷　定期同額給与20万円×12か月+事前確定届出給与180万円を毎年2
　　回（例えば，7月・12月に）支給
　　1,706,040円

　　（注）2006年度税制改正以降，役員給与のうち，小規模法人の代表者・役員に
　　も支給可能であり，要件を満たせば損金算入を認められる役員給与としては，
　　次の2つがあります。
　　・定期同額給与
　　・事前確定届出給与

　毎月支給される定期同額給与は，健康保険・厚生年金保険では「報
酬」にあたる一方で，事前確定届出給与は，年3回以下支給であれば
「賞与」にあたります。事前確定届出給与は，年4回以上支給であれば，
基本的に報酬扱いとなります。

💰　在職老齢年金制度の基礎知識

　年金受給世代の人が法人を設立するにあたっては，年金と給与との調
整のしくみ（在職老齢年金制度）についても知っておく必要があります。
　在職老齢年金制度とは，ざっくり説明すると，次の①および②の合計
額が一定の基準額を超えると，超えた額の半分だけ年金が支給停止
（カット）される，というしくみです。

①　調整の対象となる年金の月額換算額（「基本月額」といいます）
②　報酬・賞与の月額換算額（「総報酬月額相当額」といいます）

つまり，

年金支給停止額（月額換算額）
＝（基本月額＋総報酬月額相当額－基準額）÷2

となります。

「基本月額」は，次のとおり，65歳までと65歳からで異なります。

65歳まで（65歳到達月分まで）の基本月額
＝特別支給の老齢厚生年金の年金額÷12

65歳から（65歳到達月の翌月分から）の基本月額
＝老齢厚生年金（報酬比例部分）÷12

（注）65歳まで・65歳からを問わず，厚生年金基金加入期間があり「基金代行額」もある人は，基金代行額も含めた額を12で割って「基本月額」が算出されます。

「総報酬月額相当額」は，次の計算式で算出されます。

総報酬月額相当額
＝その月現在有効な標準報酬月額＋その月以前の1年間の標準賞与額の総額÷12

「総報酬月額相当額」は厚生年金保険の被保険者や「70歳以上被用者」^(注)について会社が届け出る「算定基礎届」「月額変更届」「賞与支払届」等により毎月自動計算されます。

（注）次の3つの要件を全て満たす人は，厚生年金保険の70歳以上被用者となります。
・厚生年金保険の適用事業所で働く70歳以上の人
・70歳前に厚生年金保険に加入した期間がある人
・70歳未満であれば厚生年金保険の被保険者となるような働き方をしている人（つまり，最高75歳まで健康保険の被保険者となるような働き方をしている人）
　70歳以上被用者については厚生年金保険料はかかりませんが，在職老齢年金制度の対象者となります。

　2021年度の在職老齢年金計算式における「基準額」は，次のとおりです。

65歳まで（65歳到達月分まで）の基準額	28万円
65歳から（65歳到達月の翌月分から）の基準額	47万円

　基準額は，毎年度１万円単位で改定されることがあります。

　65歳までの基準額は2022年度から，65歳からの基準額と同額となります。

【事例】

　65歳以上で老齢厚生年金（報酬比例部分）の年金額が120万円（基本月額10万円）で，役員給与月額47万円・その月以前の１年間に賞与なし（総報酬月額相当額47万円）の人の，2021年度分の年金についての支給停止額は次のとおりとなります。

> 年金支給停止額（月額換算額）
> ＝（基本月額10万円＋総報酬月額相当額47万円－基準額47万円）÷ 2
> ＝ 5 万円

　したがって，老齢厚生年金（報酬比例部分）を年額120万円（月額10万円）もらえる権利があっても，法人代表者・役員等として厚生年金保険に加入して働いている間は，年額60万円（月額 5 万円）は支給停止となり，年額60万円しかもらえません。

　この人が，例えば役員給与月額を35万円以上37万円未満に引き下げ，その月以前の１年間に賞与なし（総報酬月額相当額36万円）なら，老齢厚生年金（報酬比例部分）は支給停止されず，全額もらえるようになります。

年金支給停止額（月額換算額）
＝（基本月額10万円＋総報酬月額相当額36万円^{（注）}－基準額47万円）÷ 2
＜ 0 円

上記の計算式よりこの場合，年金支給停止は行われません。

（注）引き下げ後の役員給与月額を 3 か月連続で支給後，会社が報酬月額変更届を日本年金機構に提出すると，役員給与月額が下がった月から数えて 4 か月目から標準報酬月額・総報酬月額相当額が下がり，年金支給停止が解除されます。

年金受給世代の賞与受給には注意が必要

　年金受給世代の法人代表者・役員が働きながら65歳までの特別支給の老齢厚生年金や65歳からの老齢厚生年金（報酬比例部分）を受給したい場合は，年 3 回以下の賞与（事前確定届出給与等）も 1 月あたり150万円を上限として，賞与受給月から数えて12か月間は年金支給停止額に影響することも知っておきましょう。

【事例】

　報酬月額65万円・66歳の法人代表者で，老齢厚生年金（報酬比例部分）は144万円。金融機関主催の年金相談会で相談員の社会保険労務士から，報酬月額を34万円にすれば年金を全額もらえるようになるとアドバイスを受けたため，報酬月額を34万円とした。

　ところが，毎月の役員給与（定期同額給与）以外に会社から毎年 1 回12月に賞与（事前確定届出給与）を120万円受けていた。

　この人の年金支給停止額は，報酬月額が下がった月から数えて 4 か月目分の年金から，次のとおりとなります。

年金支給停止額（月額換算額）
＝ ｛基本月額12万円（144万円÷12）＋総報酬月額相当額44万円（その月
　現在有効な標準報酬月額34万円＋その月以前の１年間の標準賞与額の
　総額120万円÷12）－基準額47万円｝÷2＝4万5千円

　したがって，実際にもらえる老齢厚生年金（報酬比例部分）（月額換算
額）は，7万5千円となります。

実際にもらえる老齢厚生年金（報酬比例部分）（月額換算額）
＝基本月額12万円－年金支給停止額（月額換算額）4万5千円＝7万5千円

　このように，その月以前の１年間に賞与を受けていた場合は，その月現
在有効な標準報酬月額だけでなく，賞与額も（1月あたり150万円を上限
に）年金支給停止額計算に影響しますので，注意が必要です。

役員給与設定変更期限や変更による影響に注意

　なお，定期同額給与のみ支給から定期同額給与・事前確定届出給与併
用支給に変更する場合は，原則として事業年度開始の日から3か月以内
の定時株主総会等で決める必要があります。

　毎月支給する定期同額給与を月額いくらにするかだけでなく，事前確
定届出給与の支給回数，支給日，支給額によっても，社会保険料（会社
負担分および被保険者負担分）や会社の法人税等負担額，本人の所得税
等負担額が変わります。

　年金受給中の人は，もらえる年金額にも影響することから，役員給与
設定の変更を検討する場合は，専門家（年金・社会保険については社会
保険労務士，法人税・所得税等については税理士）に相談して詳細な月
次シミュレーションを行ってから変更するようにしましょう。

> 💰 自由に使えるお金を増やすには役員給与を増やす必要があるが，給与を増やすと社会保険料・所得税等も増える

　将来的に法人の売上・利益が上がり役員給与を増やせるようになると，社会保険料や所得税等の額も増えます。

　役員給与を一定額以上増やしても法人の営業利益が確保できるようになれば，それ以上役員給与を増やすのではなく，法人にお金を残すような形となってもかまいません（所得税率は所得が多くなるに従って段階的に高くなります（5 〜 45％）が，法人税率は所得800万円超の部分は一定率（23.2％）です。19ページ【図表１】【図表２】参照）。

　ただし，法人にお金を残すと法人税等がかかり，法人税等を支払った後に法人に残ったお金は法人の事業にしか使えません。

　法人に残ったお金を積み立てて，退職時に法人から役員退職慰労金をまとめて受け取ることはできます（前述のとおり，役員退職慰労金としてもらうと在職中に給与としてもらうよりも節税になり，社会保険料もかかりません）が，役員退職慰労金は退職時までは受け取ることができません。

　「個人事業＋ミニマム法人」形態も含め，法人化を考えるときは，個人で受け取るお金と法人で受け取るお金とのバランスに注意が必要となります。

健康保険・厚生年金保険の任意適用業種の法人化は慎重に

　個人事業なら従業員が何人いても健康保険・厚生年金保険は任意適用であるものの，法人にすると強制適用となる業種（旅館，料理・飲食店，理容・美容業等）の事業を安易に法人化すると，従業員数が多い場合，

会社負担分の社会保険料額が多くなってしまいます。

　本人負担分の社会保険料を控除しても従業員の手取り給与が減らないようにするためには，給与を増額する必要があります。

　ケースによっては，任意適用業種の事業は個人事業で開業し，その業種の業務に従事する従業員が増えても法人化せず，別事業を経営者（や経営者の配偶者・親族）のみが役員となってミニマム法人でスタートすることも考えられます。

　任意適用業種で起業する場合は，何も考えずにいきなり法人化するのと，将来の「個人事業＋法人」での事業展開まで検討した上で個人事業で起業するのとでは，経費負担が大きく異なるケースもあります。これは法定16業種（25ページ参照）で常時使用する従業員数5人未満の個人事業を法人化する場合も同様です。

> 🏷 **健康保険・厚生年金保険未加入企業の是正にも「個人事業＋ミニマム法人」は使える**

　法人でありながら，違法に健康保険・厚生年金保険未加入状態を続けている企業があります。

　日本年金機構による加入指導を受けているものの，加入すると社会保険料負担が重く会社の存続が危ぶまれるとの理由で，未加入のまま加入を逃れ続けている一人法人・小規模法人もあります。

　このような場合も，事業の実態によっては，違法に未加入のまま放置し続けるのではなく，事業の一部を個人事業で行うこととし，残りの事業のみを法人で行う選択肢が有効なケースもあります。代表者・役員のみが法人から低額の役員給与を受けるのであれば，ミニマム法人で無理なく適法に健康保険・厚生年金保険に加入することが可能となります。

~ *Column* ~
国民健康保険の保険事故と健康保険の保険事故

　一般にはあまり意識されることがないようですが，個人事業の全部を法人化するケースであっても，「個人事業＋ミニマム法人」の場合であっても，法人代表者・役員が病気・ケガをしたり，亡くなっても健康保険から給付がされないケースがあります。

　ただ，事業の全部を法人化する場合と比べると，「個人事業＋ミニマム法人」の場合では，健康保険から給付がされないケースが限定されることとなります。少し複雑ですが，詳しくみていきましょう。

　個人事業主・フリーランスが加入する国民健康保険は，「被保険者の疾病，負傷，出産又は死亡に関して必要な保険給付を行うものとする。」と定められています（国民健康保険法第2条）。
　つまり，国民健康保険の保険給付の対象となる事故（保険事故といいます）には，業務上の事由によるものも業務外の事由によるものも含まれます。

　一方，法人代表者・役員等が加入する健康保険では，業務災害以外の疾病，負傷，死亡や出産に関して保険給付を行うことが定められています。

健康保険法第1条（目的）

　この法律は，労働者又はその被扶養者の業務災害（労働者災害補償保険法第七条第一項第一号に規定する業務災害をいう。）以外の疾病，負傷若しくは死亡又は出産に関して保険給付を行い，もって国民の生活の安定と福祉の向上に寄与することを目的とする。

　労働者災害補償保険法第7条第1項第1号に規定する業務災害とは，労働者の業務上の負傷，疾病，障害または死亡をいいます。

　また，健康保険法第53条の2では，健康保険の被保険者または被扶養者が法人の代表者・役員であるときは，その被保険者または被扶養者の，その法人の代表者・役員としての業務に起因する疾病，負傷または死亡に関しては原則として給付を行わないこととされています。

　例外として，被保険者数5人未満の法人事業所（適用事業所）の代表者・役員がその法人のために行う業務で，その法人における従業員が従事する業務と同一であると認められる業務に起因する疾病，負傷または死亡に関しては，健康保険から給付が行われます。

　以上から，個人事業の全部を法人化した場合であっても，「個人事業＋ミニマム法人」であっても，その法人の代表者・役員としての業務に起因する疾病，負傷または死亡については，法人における健康保険の被保険者数が5人未満であって，その法人における従業員が従事する業務と同一であると認められる業務に起因するものであれば，例外的に健康保険から給付がされることとなります。

　その法人の代表者・役員としての業務に起因する疾病，負傷

または死亡に該当せず，労働者災害補償保険法第7条第1項第1号に規定する業務災害に該当しない疾病，負傷または死亡であれば，健康保険から給付が行われます。

　したがって，「個人事業＋ミニマム法人」で，個人事業主・フリーランス（兼法人代表者または法人役員）や個人事業主・フリーランスの同居の親族（兼法人代表者または法人役員）について，法人事業とは異なる個人事業の業務に起因する疾病，負傷または死亡に関しても，労災保険から給付を受けられないのであれば，健康保険から保険給付が行われます。

　法人における健康保険被保険者数が5人未満であって，世帯主（や配偶者・親族）が，ほとんどの時間を個人事業の業務に従事している場合は，健康保険の給付の対象外となる業務の範囲が極めて狭くなります。

健康保険法第53条の2（法人の役員である被保険者又はその被扶養者に係る保険給付の特例）

　被保険者又はその被扶養者が法人の役員（業務を執行する社員，取締役，執行役又はこれらに準ずる者をいい，相談役，顧問その他いかなる名称を有する者であるかを問わず，法人に対し業務を執行する社員，取締役，執行役又はこれらに準ずる者と同等以上の支配力を有するものと認められる者を含む。以下この条において同じ。）であるときは，当該被保険者又はその被扶養者のその法人の役員としての業務（被保険者の数が五人未満である適用事業所に使用される法人の役員としての業務であって厚生労働省令で定めるものを除く。）に起因する疾病，負傷又は死亡に関して保険給付は，行わない。

> 健康保険法施行規則第52条の2（法第53条の2の厚生労働省令で定める業務）
> 　法第五十三条の二の厚生労働省令で定める業務は，当該法人における従業員（同条に規定する法人の役員以外の者をいう。）が従事する業務と同一であると認められるものとする。

　健康保険法第53条の2の「法人の役員としての業務」とは，「法人の役員がその法人のために行う業務全般を指し，特段その業務範囲を限定的に解釈するものではない」とされています（「健康保険法の第1条（目的規定）等の改正に関するQ＆Aについて」　2013年8月14日　全国健康保険協会宛事務連絡　厚生労働省保険局保険課」）。

　なお，以下に定める数の労働者を常時使用する個人事業主・フリーランスや法人代表者・役員，家族従業者（「中小事業主等」）は，労災保険（労働者災害補償保険）に特別加入することによって，業務災害・通勤災害について，労災保険の給付を受けられるようになります。

　・金融業，保険業，不動産業，小売業：50人以下
　・卸売業，サービス業：100人以下
　・その他の業種：300人以下

　労災保険に特別加入するには，労災保険料だけでなく，労働保険事務組合に支払う会費等も必要となります（労働保険事務組合に労働保険等の事務処理を委託する必要があるため）。

　ただし，労災保険に特別加入したとしても，「事業主の立場で行われる業務」に就いていた際の災害は労災保険の給付の対象外です。

　（※）労災保険の特別加入には，このほか，労働者を使用しないで建設業など一定の事業を行うことを常態とする一人親方等や特定作業

従事者が，特別加入団体を通じて特別加入する制度もあります。
　2021年4月1日からは芸能関係作業従事者・アニメーション制作作業従事者・柔道整復師・創業支援等措置（16ページ）に基づき事業を行う人が，2021年9月1日からは自転車を使用して貨物運送事業を行う人・ITフリーランスが，新たに特別加入の対象となりました。
（参考）厚生労働省ホームページ
　https://www.mhlw.go.jp/stf/seisakunitsuite/bunya/koyou_roudou/roudoukijun/rousai/kanyu_r3.4.1.html
　https://www.mhlw.go.jp/stf/seisakunitsuite/bunya/koyou_roudou/roudoukijun/rousai/kanyu_r3.4.1_00001.html

障害厚生年金・障害手当金や遺族厚生年金は業務上・業務外問わず対象

　国民年金の障害基礎年金と同様，厚生年金保険の障害厚生年金・障害手当金も，業務上の傷病が原因であっても，業務外の傷病が原因であっても，支給要件を満たせば対象となります。
　なお，厚生年金保険に加入していない期間に初診日のある傷病が原因の場合は，一定の障害状態に該当したとしても障害厚生年金や障害手当金が支給されることはありません。
　一定の障害状態に該当した場合の所得保障制度として障害厚生年金・障害手当金の備えがあるようになることは，法人代表者・役員として厚生年金保険に加入することにより得られる大きなメリットといえます。

　また，国民年金の遺族基礎年金と同様厚生年金保険の遺族厚生年金も，業務上の傷病が原因の死亡であっても，業務外の傷病が原因の死亡であっても，支給要件を満たせば対象となります。
　このことも，法人代表者・役員として厚生年金保険に加入するすることにより得られる大きなメリットといえます。

第**5**章

法律上の根拠は？
「個人事業＋ミニマム法人」化
は本当に大丈夫？

この章では，「個人事業＋ミニマム法人」化により，国民健康保険・国民年金加入から健康保険・厚生年金保険加入に変わることの法律的な根拠を，条文を引用しながら解説します。

併せて，ミニマム法人での健康保険・厚生年金保険加入に関するよくある質問への回答をお伝えします。

さらに，法人化に際してのよくある失敗事例についても触れます。

> 🕐 **法人の代表者・役員として法人から報酬を受けている
> 人は健康保険・厚生年金保険に加入**

　健康保険・厚生年金保険に加入する人の要件や，例外的に加入できない人については，法律で定められています。

　法人から役員給与を受けて経営に従事している法人代表者・役員は健康保険・厚生年金保険の被保険者となります。

　法人から役員給与を受けて経営に従事している限り，後期高齢者医療制度の被保険者となるまで（原則75歳になるまで）健康保険の被保険者となります。

　また，法人から役員給与を受けて経営に従事している限り，原則70歳になるまで厚生年金保険の被保険者となります。

【参考条文】

健康保険法第3条（定義）第1項（[　]は令和4年10月1日以降の条文）
　この法律において「被保険者」とは，適用事業所に使用される者及び任意継続被保険者をいう。ただし，次の各号のいずれかに該当する者は，日雇特例被保険者となる場合を除き，被保険者となることができない。
一　船員保険の被保険者（船員保険法第二条第二項に規定する疾病任意継続被保険者を除く。）
二　臨時に使用される者であって，次に掲げるもの（イに掲げる者にあっては一月を超え，ロに掲げる者にあってはロに掲げる<u>所定の</u>[定めた]期間を超え，引き続き使用されるに至った場合を除く。）
　イ　日々雇い入れられる者
　ロ　二月以内の期間を定めて使用される者［であつて，当該定めた期

間を超えて使用されることが見込まれないもの〕

三　事業所又は事務所（第八十八条第一項及び第八十九条第一項を除き，以下単に「事業所」という。）で所在地が一定しないものに使用される者

四　季節的業務に使用される者（継続して四月を超えて使用されるべき場合を除く。）

五　臨時的事業の事業所に使用される者（継続して六月を超えて使用されるべき場合を除く。）

六　国民健康保険組合の事業所に使用される者

七　後期高齢者医療の被保険者（高齢者の医療の確保に関する法律第五十条の規定による被保険者をいう。）及び同条各号のいずれかに該当する者で同法第五十一条の規定により後期高齢者医療の被保険者とならないもの（以下「後期高齢者医療の被保険者等」という。）

八　厚生労働大臣，健康保険組合又は共済組合の承認を受けた者（健康保険の被保険者でないことにより国民健康保険の被保険者であるべき期間に限る。）

九　事業所に使用される者であって，その一週間の所定労働時間が同一の事業所に使用される通常の労働者（当該事業所に使用される通常の労働者と同種の業務に従事する当該事業所に使用される者にあっては，厚生労働省令で定める場合を除き，当該者と同種の業務に従事する当該通常の労働者。以下この号において単に「通常の労働者」という。）の一週間の所定労働時間の四分の三未満である短時間労働者（一週間の所定労働時間が同一の事業所に使用される通常の労働者の一週間の所定労働時間に比し短い者をいう。以下この号において同じ。）又はその一月間の所定労働日数が同一の事業所に使用される通常の労働者の一月間の所定労働日数の四分の三未満である短時間労働者に該当し，かつ，イからニ〔ハ〕までのいずれかの要件に該当するもの

　イ　一週間の所定労働時間が二十時間未満であること。

　ロ　当該事業所に継続して一年以上使用されることが見込まれないこと。

216

　　［ロ　削る］

　ハ　［ロ］報酬（最低賃金法第四条第三項各号に掲げる賃金に相当する
　　ものとして厚生労働省令で定めるものを除く。）について，厚生労働
　　省令で定めるところにより，第四十二条第一項の規定の例により算
　　定した額が，八万八千円未満であること。
　ニ　［ハ］学校教育法第五十条に規定する高等学校の生徒，同法第
　　八十三条に規定する大学の学生その他の厚生労働省令で定める者で
　　あること。

厚生年金保険法第9条（被保険者）

　適用事業所に使用される七十歳未満の者は，厚生年金保険の被保険者
とする。

厚生年金保険法第12条（適用除外）（［　］は令和4年10月1日以降の条文）

　次の各号のいずれかに該当する者は，第九条及び第十条第一項の規定
にかかわらず，厚生年金保険の被保険者としない。
一　臨時に使用される者（船舶所有者に使用される船員を除く。）であつ
　て，次に掲げるもの。ただし，イに掲げる者にあつては一月を超え，
　ロに掲げる者にあつては所定の［定めた］期間を超え，引き続き使用
　されるに至つた場合を除く。
　イ　日々雇い入れられる者
　ロ　二月以内の期間を定めて使用される者［であつて，当該定めた期
間を超えて使用されることが見込まれないもの］
二　所在地が一定しない事業所に使用される者
三　季節的業務に使用される者（船舶所有者に使用される船員を除く。）。
　ただし，継続して四月を超えて使用されるべき場合は，この限りでない。
四　臨時的事業の事業所に使用される者。ただし，継続して六月を超え
　て使用されるべき場合は，この限りでない。
五　事業所に使用される者であつて，その一週間の所定労働時間が同一
　の事業所に使用される通常の労働者（当該事業所に使用される通常の
　労働者と同種の業務に従事する当該事業所に使用される者にあつては，

厚生労働省令で定める場合を除き，当該者と同種の業務に従事する当該通常の労働者。以下この号において単に「通常の労働者」という。）の一週間の所定労働時間の四分の三未満である短時間労働者（一週間の所定労働時間が同一の事業所に使用される通常の労働者の一週間の所定労働時間に比し短い者をいう。以下この号において同じ。）又はその一月間の所定労働日数が同一の事業所に使用される通常の労働者の一月間の所定労働日数の四分の三未満である短時間労働者に該当し，

かつ，イからニ［ハ］までのいずれかの要件に該当するもの

イ　一週間の所定労働時間が二十時間未満であること。

ロ　当該事業所に継続して一年以上使用されることが見込まれないこと。

［ロ　削る］

ハ［ロ］　報酬（最低賃金法第四条第三項各号に掲げる賃金に相当するものとして厚生労働省令で定めるものを除く。）について，厚生労働省令で定めるところにより，第二十二条第一項の規定の例により算定した額が，八万八千円未満であること。

ニ［ハ］　学校教育法第五十条に規定する高等学校の生徒，同法第八十三条に規定する大学の学生その他の厚生労働省令で定める者であること。

法人代表者等は法人から報酬を受けていると被保険者となる

　条文を確認するとわかるとおり，法律上当然に健康保険・厚生年金保険の被保険者となるには，「適用事業所に使用される」者である必要があります。

　会社と従業員との契約は雇用契約（労働契約）ですので，従業員は「適用事業所に使用される」者といえます。

　しかし，会社と役員との関係は委任契約関係ですので，一般的な感覚からすると，役員は「適用事業所に使用される」者とはいえません。

　それにもかかわらず，法人の代表者・役員は，例外的なケースを除いて，健康保険・厚生年金保険の被保険者とすることとして取り扱われています。

　この点については，「法人の代表者又は業務執行者の被保険者資格について」という行政通達があります（昭和24年7月28日保発第74号）。

> 「法人の理事，監事，取締役，代表社員及び無限責任社員等法人の代表者又は業務執行者であって，他面その法人の業務の一部を担任している者は，その限度において使用関係にある者として，健康保険及び厚生年金保険の被保険者として取り扱って来たのであるが，今後これら法人の代表者又は業務執行者であっても，法人から，労務の対償として報酬を受けている者は，法人に使用される者として被保険者の資格を取得させるよう致されたい。（以下省略）」

　上記通達の後半部分からわかるように，一般的な感覚では「適用事業所に使用される」者とはいえない法人の代表者等であっても，法人から労務の対償として報酬を受けている限り，法人に使用される者，つまり，「適用事業所に使用される」者にあたるとして，健康保険・厚生年金保険の被保険者資格を取得させるべき取扱いとされているわけです。

💰 健康保険に加入している人は，国民健康保険に同時に加入できない

　個人事業主・フリーランスが加入する国民健康保険の被保険者の年齢要件は，健康保険の被保険者と同様，後期高齢者医療制度の被保険者となるまで（原則75歳になるまで）です。

　都道府県の区域内に住所を有する人は，後期高齢者医療制度の被保険者となるまで（原則75歳になるまで）その都道府県がその都道府県内の市町村とともに運営する国民健康保険の被保険者となるのが原則です。

　しかし，健康保険の被保険者は，同時に国民健康保険の被保険者となって国民健康保険料を納めることはできません。健康保険の被扶養者も，同時に国民健康保険の被保険者になることはできません。

　これらのことは，国民健康保険法に定められています。

【参考条文】

国民健康保険法第5条（被保険者）
　都道府県の区域内に住所を有する者は，当該都道府県が当該都道府県内の市町村とともに行う国民健康保険の被保険者とする。

国民健康保険法第6条（適用除外）
　前条の規定にかかわらず，次の各号のいずれかに該当する者は，都道府県が当該都道府県内の市町村とともに行う国民健康保険（以下「都道府県等が行う国民健康保険」という。）の被保険者としない。
一　健康保険法の規定による被保険者。ただし，同法第三条第二項の規定による日雇特例被保険者を除く。
二　船員保険法の規定による被保険者
三　国家公務員共済組合法又は地方公務員等共済組合法に基づく共済組合の組合員
四　私立学校教職員共済法の規定による私立学校教職員共済制度の加入者
五　健康保険法の規定による被扶養者。ただし，同法第三条第二項の規定による日雇特例被保険者の同法の規定による被扶養者を除く。
六　船員保険法，国家公務員共済組合法（他の法律において準用する場合を含む。）又は地方公務員等共済組合法の規定による被扶養者
七　健康保険法第百二十六条の規定により日雇特例被保険者手帳の交付

> を受け，その手帳に健康保険印紙をはり付けるべき余白がなくなるに
> 至るまでの間にある者及び同法の規定によるその者の被扶養者。ただ
> し，同法第三条第二項ただし書の規定による承認を受けて同項の規定
> による日雇特例被保険者とならない期間内にある者及び同法第
> 百二十六条第三項の規定により当該日雇特例被保険者手帳を返納した
> 者並びに同法の規定によるその者の被扶養者を除く。
>
> 八　高齢者の医療の確保に関する法律の規定による被保険者
> 九　生活保護法による保護を受けている世帯（その保護を停止されてい
> 　る世帯を除く。）に属する者
> 十　国民健康保険組合の被保険者
> 十一　その他特別の理由がある者で厚生労働省令で定めるもの

厚生年金保険に加入している人は，同時に国民年金の第１号被保険者になれない

　また，国民年金の第１号被保険者，第２号被保険者，第３号被保険者
の年齢要件は次のとおりです。

国民年金の第１号被保険者	20歳以上60歳未満
国民年金の第２号被保険者	原則65歳未満
国民年金の第３号被保険者	20歳以上60歳未満

　原則65歳未満の厚生年金保険の被保険者（国民年金の第２号被保険
者）やその被扶養配偶者で20歳以上60歳未満の人（国民年金の第３号被
保険者）は，同時に国民年金の第１号被保険者となって国民年金保険料
を納めることはできません。

　このことは，国民年金法に定められています。

【参考条文】

国民年金法第7条（被保険者の資格）第1項

次の各号のいずれかに該当する者は，国民年金の被保険者とする。

一　日本国内に住所を有する二十歳以上六十歳未満の者であつて次号及び第三号のいずれにも該当しないもの（厚生年金保険法に基づく老齢を支給事由とする年金たる保険給付その他の老齢又は退職を支給事由とする給付であつて政令で定めるもの（以下「厚生年金保険法に基づく老齢給付等」という。）を受けることができる者その他この法律の適用を除外すべき特別の理由がある者として厚生労働省令で定める者を除く。以下「第一号被保険者」という。）

二　厚生年金保険の被保険者（以下「第二号被保険者」という。）

三　第二号被保険者の配偶者（日本国内に住所を有する者又は外国において留学をする学生その他の日本国内に住所を有しないが渡航目的その他の事情を考慮して日本国内に生活の基礎があると認められる者として厚生労働省令で定める者に限る。）であつて主として第二号被保険者の収入により生計を維持するもの（第二号被保険者である者その他この法律の適用を除外すべき特別の理由がある者として厚生労働省令で定める者を除く。以下「被扶養配偶者」という。）のうち二十歳以上六十歳未満のもの（以下「第三号被保険者」という。）

（注）老齢基礎年金の受給資格期間（10年以上）を満たしている厚生年金保険の被保険者が65歳になると（または，65歳到達日後老齢基礎年金の受給資格期間を満たすと），「厚生年金保険法に基づく老齢給付等を受けることができる者」（国民年金法第9条第4号）となるため，国民年金の第2号被保険者ではなくなります。

> 🏷 **ミニマム法人での健康保険・厚生年金保険加入に関するよくある質問への回答**

　これまでみてきた健康保険法，厚生年金保険法，国民健康保険法，国民年金法の規定をご存じない一般の方の中には，「個人事業＋ミニマム法人」形態で事業を行う場合に，国民健康保険料・国民年金保険料を負担せず，健康保険料・厚生年金保険料のみを負担することに違和感・不安を感じる方がいらっしゃるかもしれません。

　実務上質問を受けることが多いところですので，よくある質問に答える形で，もう少し詳しく解説していきます。

Q1　個人事業主としての収入・所得が多くても健康保険・厚生年金保険に加入できるのでしょうか？

　個人事業主・フリーランスと法人代表者・役員（健康保険・厚生年金保険の被保険者）という2つの立場でそれぞれ収入・所得がある人について，個人事業の収入・所得の額が多いか少ないかによって，加入すべき医療保険・年金制度が変わることはありません。

　個人事業の全部を法人化する場合であっても，法人の代表者となる人が個人名義で所有している不動産を法人に貸して，法人から代表者に地代家賃・賃借料が支払われる形となることもよくあります。

　つまり，法人の代表者が法人からの役員給与以外に個人としての不動産収入もある，「法人＋個人事業」という形態での起業といえますが，法人の売上・所得や役員給与額に比べると個人の不動産収入・所得がそれほど多くないケースもよくみられます。

　このような場合，法人で健康保険・厚生年金保険に入り個人では国民健康保険料・国民年金保険料を負担しないことに，疑問を感じる人はあまりいないようです。

　一方，「個人事業＋ミニマム法人」で，法人の売上・所得に比べて個人事業の収入・所得のほうが多い場合は，法人で健康保険・厚生年金保険に入り，個人では国民健康保険料・国民年金保険料を負担しないことに疑問を感じる人もいます。

　しかし，健康保険の被保険者が別途個人事業で多額の収入・所得がある場合には健康保険の被保険者になれないという法律上の規定はありません。そのような場合に，健康保険料だけでなく国民健康保険料も負担する必要があるという法律上の規定もありません。

　また，厚生年金保険の被保険者が別途個人事業で多額の収入・所得がある場合には厚生年金保険の被保険者になれないという法律上の規定もありません。そのような場合に，厚生年金保険料だけでなく国民年金保険料も負担する必要があるという法律上の規定もありません。

　したがって，「個人事業＋ミニマム法人」形態で，個人事業の収入・所得が多額であっても，法人から労務の対償として報酬を受けていれば，法人で健康保険・厚生年金保険に加入して健康保険料・厚生年金保険料を負担し国民健康保険料・国民年金保険料は負担しないこととなります。

　つまり，次のような場合であっても，法人で健康保険・厚生年金保険に加入し，個人で国民健康保険・国民年金には加入しないということです。

●個人事業の年間売上高＞法人の事業年度の売上高
●個人事業の年間所得額＞法人の事業年度の所得額

Q2　個人事業の収入・所得が多くても，それらは健康保険料・厚生年金保険料には影響しないのでしょうか？

　個人事業の収入・所得がいくら多額であっても，健康保険料・厚生年金保険料には影響しません。

　健康保険料・厚生年金保険料は，被保険者が法人から受ける報酬月額（標準報酬月額）・賞与額（標準賞与）のみに基づいて算定されます。

　健康保険料・厚生年金保険料算定の基礎に個人事業の収入・所得が含まれるという法律上の規定はありません。

Q3　個人事業で働いている人よりも法人で働く人のほうが少ない場合は，どうなりますか？

　「個人事業＋ミニマム法人」で個人事業主という立場と法人代表者・役員という立場とを兼ねる人がどの年金・医療保険に加入するかが，それぞれの事業で働いている人の数によって決まるという規定はありません。

　したがって，個人事業において配偶者・親族以外の人も既に従業員として雇用しているところ，代表者が別途法人を設立して法人から役員給与を受け，代表者（や配偶者・親族）のみ法人で健康保険・厚生年金保険に加入するようなケースも当然あり得ます。

Q4　法人で勤務する時間・日数が少ない場合は，どうなりますか？

　「個人事業主・フリーランスとしての業務に従事する時間（日数）が

多く，法人代表者・役員として働く時間（日数）が少ない人は，法人で健康保険・厚生年金保険に加入することはできないのではないでしょうか」との質問を受けることがあります。

　確かに，2020年度現在，従業員数500人以下の適用事業所で働く場合（「500人以下」という要件は，2022年10月１日から「100人以下」，2024年10月１日から「50人以下」となります）は，事業所が労使合意に基づいた申出を行っていない限り，次の２つの要件をともに満たす人が健康保険・厚生年金保険に加入することとなっています。

・１週間の所定労働時間^{（注）}が，通常の労働者の１週間の所定労働時間の４分３以上
・１月間の所定労働日数^{（注）}が，通常の労働者の１月間の所定労働日数の４分の３以上
　　（注）所定労働時間・所定労働日数とは，就業規則や雇用契約書で定められた勤務時間・勤務日数のことです。

　上記の，いわゆる「４分の３」基準は，所定労働時間・所定労働日数が要件となっていることからわかるとおり，従業員（パートタイム労働者等）が健康保険・厚生年金保険に加入するかどうかを判断するための基準です。

　法人代表者・役員として法人から労務の対償として報酬を受けていれば，法人の業務に従事している時間（日数）が通常の労働者の４分の３以上かどうかとは関係なく，健康保険・厚生年金保険の被保険者となるのが原則です。

（参考）「法人の代表者の被保険者資格について」平成22年3月10日疑義照
会（回答）

労務の対償として法人から報酬を受けている法人の代表者又は役員かど
うかについては，その業務が実態において法人の経営に対する参画を内容
とする経常的な労務の提供であり，かつ，その報酬が当該業務の対価とし
て当該法人より経常的に支払いを受けるものであるかを基準として判断さ
れたい。

（判断の材料例）

① 当該法人の事業所に定期的に出勤しているかどうか。

② 当該法人における職以外に多くの職を兼ねていないかどうか。

③ 当該法人の役員会等に出席しているかどうか。

④ 当該法人の役員への連絡調整または職員に対する指揮監督に従事して
いるかどうか。

⑤ 当該法人において求めに応じて意見を述べる立場にとどまっていない
かどうか。

⑥ 当該法人等より支払いを受ける報酬が社会通念上労務の内容に相応し
たものであって実費弁償程度の水準にとどまっていないかどうか。

なお，上記①～⑥はあくまで例として示すものであり，それぞれの事案
ごとに実態を踏まえて判断されたい。

Q5 役員給与が低額でも健康保険・厚生年金保険に加入できるのでしょ
うか？

個人事業主・フリーランスと法人代表者・役員という2つの立場でそ
れぞれ収入・所得がある人について，法人から受ける役員給与額が多い
か少ないかによって，加入すべき医療保険・年金が変わるという規定は
ありません。

　先にみたとおり，法律の規定によれば，健康保険の被保険者が同時に国民健康保険に入ることはできません。

　法人代表者・役員として健康保険の被保険者となるべき人が法人から受けている報酬月額が5万円から10万円程度と少ない場合であっても，国民健康保険の被保険者となることはできず，健康保険の被保険者となります。

　また，法律の規定によれば，国民年金第2号被保険者である厚生年金保険被保険者が同時に国民年金の第1号被保険者となることはできません。

　法人の代表者・役員で厚生年金保険の被保険者となるべき人が20歳以上60歳未満で，法人から受けている報酬月額が5万円から10万円程度と少ない場合であっても，国民年金の第1号被保険者となることはできず，厚生年金保険の被保険者となります。

Q6　健康保険・厚生年金保険に加入できる報酬月額の下限は？

　それでは，法人代表者・役員として労務の対象として報酬を受けていれば，報酬月額が極めて少額であっても健康保険・厚生年金保険に加入できるのでしょうか。

　結論から言うと，法律上は，健康保険・厚生年金保険に加入できる報酬月額に下限は特に設けられていません。

　この点については，日本年金機構が公表している次の疑義照会回答が参考になります。

（参考）「法人の代表者の被保険者資格について」

平成23年2月18日疑義照会（回答）より一部抜粋

（照会内容）

　役員が経営状況に応じて報酬を下げる例は多くあり，役員報酬は最低賃金法に当てはまらないため，中には「数円」というところもあります。労務の対価として経常的に受ける報酬が「月に数円」の場合，社会保険への加入はできないのでしょうか。報酬が社会通念上労務の内容に相応しい金額（社会保険へ加入できる最低額）とは具体的にいくらでしょうか。

（回答）

　昭和24年7月28日保発第74号通知で「役員であっても，法人から労務の対償として報酬を受けている者は，法人に使用される者として被保険者とする」とされていますが，一方，「役員については，ご照会の事例のように経営状況に応じて，給料を下げる例は多く，このような場合は今後支払われる見込みがあり，一時的であると考えられるため，低報酬金額をもって資格喪失させることは妥当でない」ことから，総合的な判断が必要であり，最低金額を設定し，その金額を下回る場合は，被保険者資格がないとするのは妥当ではありません。

　また，疑義照会回答については，一般的な例を示しているものであり，社会通念上，ご照会の事例のように業務の内容に対して，1円の報酬しかないなど内容に相応しいものかどうか疑わしい場合は，報酬決定に至った経過，その他「常用的使用関係」と判断できる働き方（多くの職を兼ねていないかどうか，業務の内容等）であるかなどを調査し，判断してください。

（中略）

　以上のことから，疑義照会回答の判断の材料例は，一例であり，優先順位づけはなく，複数の判断材料により，あくまでも実態に基づき総合的に判断してください。

　なお，疑義が生じた場合は，実態を聞き取ったうえで，具体的事例に基づき照会してください。ご照会の事例においては，「常用的使用関係」と判断できる働き方であれば，被保険者資格を認めて差し支えありません。

　役員給与額が極端に少ない場合でも，それだけで健康保険・厚生年金保険に加入できないとされるものではなく，総合的に判断されるものだということですね。

　しかし，現実問題として，加入すると毎月健康保険料・厚生年金保険料がかかります。

　健康保険料・厚生年金保険料は会社と被保険者とが折半負担で，被保険者負担分の保険料は毎月の報酬から前月分の保険料を控除した上で，給与から控除した被保険者負担分の保険料と会社負担分の保険料とを併せて翌月末の納期限までに会社が納めます（通常は口座振替で納めます）。

　ですから，最低でも健康保険料（40歳以上65歳未満の場合は介護保険料も含みます）・厚生年金保険料の被保険者負担分の月額合計額以上の報酬月額を支給しておかないと毎月の手取り給与がマイナスとなってしまいます。マイナス分を毎月被保険者本人から会社に対して支払うのは現実的ではありません。

　40歳以上65歳未満の人が報酬月額63,000円未満（健康保険の標準報酬月額58,000円・厚生年金保険の標準報酬月額88,000円）で全国健康保険協会（協会けんぽ）・東京都に加入する場合の健康保険料（介護保険料を含む）・厚生年金保険料の被保険者負担分保険料は月額11,427円です（2021年度）。

　しかし，一般的には，報酬月額は1万数千円や2万円などととするのではなくて，最低5万円程度は取っておいたほうがよいでしょう

　「個人事業＋ミニマム法人」形態のスタートアップとしては，特に事情がない限り役員給与月額5～10万円程度以上をイメージして検討すればよいと思います。

役員給与額0円だと健康保険・厚生年金保険に加入できない

それでは，法人から受ける役員給与額が0円の場合はどうなるでしょうか。

一般に，法人を立ち上げた当初は十分な売上総利益（粗利益）が上がらず，役員給与を取れないケースも珍しくありません。

そのような場合でも法人代表者・役員は健康保険・厚生年金保険に加入できるのでしょうか。

法人を設立しても，代表者・役員の役員給与月額を0円と決めて実際に支給していない場合は，代表者・役員は健康保険・厚生年金保険に加入できません。

この場合は（国民健康保険法第6条に定められた適用除外要件に該当しない限り）個人事業主・フリーランスと同様に，医療保険は都道府県・市町村が運営する国民健康保険に加入し，年金は（日本国内に住所を有し，20歳以上60歳未満なら）国民年金に加入することとなります。

健康保険・厚生年金保険に加入したいのであれば，法人の代表者・役員となるだけではだめで，法人から役員給与を経常的に受ける必要があります。

また，法人設立当初は役員給与を支給していたため健康保険・厚生年金保険の被保険者となったとしても，その後業績悪化等で役員給与を支給しない旨を決議（決定）して実際に恒常的に支給しなくなった場合は，被保険者資格喪失届を提出すべきこととなります。

健康保険の被扶養者・国民年金の第3号被保険者となっている人について

法人代表者の配偶者・子や一定の親族で健康保険の被扶養者となっている人が，同時に国民健康保険の被保険者となることはできません。

健康保険の被扶養者となっているということは，被扶養者の年間収入

第 5 章　法律上の根拠は？「個人事業＋ミニマム法人」化は本当に大丈夫？　　231

が130万円未満（60歳以上の場合や，おおむね障害厚生年金の受給要件に該当する程度の障害の状態にある場合は180万円未満）などの要件をクリアしているということです。

　もし，被扶養者の年間収入が130万円（180万円）未満という基準額を超えると，健康保険の被扶養者でなくなります。

　したがって，（自身が健康保険の被保険者となるなど国民健康保険法第 6 条に定められた適用除外要件に該当しない限り）都道府県・市町村が運営する国民健康保険の被保険者となり，国民健康保険料がかかります。

　自身が健康保険の被保険者となると，健康保険料がかかります。

　また，国民年金の第 3 号被保険者となっている人（原則65歳未満の厚生年金保険被保険者（つまり国民年金の第 2 号被保険者）の被扶養配偶者で20歳以上60歳未満の人）が，同時に国民年金の第 1 号被保険者となることはできません。

　国民年金の第 3 号被保険者となっているということは，20歳以上60歳未満で，年間収入が130万円未満（おおむね障害厚生年金の受給要件に該当する程度の障害の状態にある場合は180万円未満）などの要件をクリアしているということです。

　もし，第 3 号被保険者の年間収入が130万円（180万円）未満という基準額を超えると，第 3 号被保険者ではなくなります。

　したがって，（自身が厚生年金保険被保険者・国民年金の第 2 号被保険者とならない限り）国民年金の第 1 号被保険者となり，国民年金保険料がかかります。

　自身が厚生年金保険の被保険者・国民年金の第 2 号被保険者となると，厚生年金保険料がかかります。

> 🪙 法人から役員給与を受けていながら国民健康保険・国民年金加入は違法

　なお，個人事業の全部を法人化した場合であっても，「個人事業＋ミニマム法人」形態となっている場合であっても，法人の経営に従事し，法人から役員給与を受けている代表者・役員については，法人において健康保険（75歳未満の場合）・厚生年金保険（70歳未満の場合）の資格取得手続きを行う必要があります。

　この場合，法人から受けている役員給与の額が低額であったとしても，法人で健康保険・厚生年金保険に加入するのが適法な対応です。

　現実には，法人の経営に従事して法人から役員給与を受けていながら健康保険・厚生年金保険に加入せずに，個人で国民健康保険・国民年金に加入している人もいますが，それは違法ですのでご注意ください。

法人から受けている役員給与額を偽って届け出るのも違法

　被保険者が法人から受けている報酬月額・賞与額について，実際と異なる額を届け出るのももちろん違法です。

　例えば，個人事業の全部を法人化して，法人から報酬月額35万円を受け取っているのに，保険料負担が重いので，報酬月額10万円しか受け取っていないとして被保険者資格取得届，報酬月額算定基礎届等に書いて届け出る，といった類はもちろんやってはいけません。

　健康保険法第208条第1号・厚生年金保険法第102条第1項第1号の「虚偽の届出をしたとき」にあたり，罰則（6月以下の懲役または50万円以下の罰金）もあります。

よくある失敗1：社会保険料負担を想定していなかった

　深く考えないまま法人を設立してから負担すべき社会保険料額を計算して驚き，その結果，行うべき健康保険・厚生年金保険の加入手続きを行わず，違法に国民健康保険・国民年金に加入し続けている事例は多いです。

　年金事務所（日本年金機構）からの照会・加入勧奨・加入指導をきっかけに，どうしたらよいのかわからず相談されるケースもあります。

　代表者のみの一人法人や代表者・配偶者・親族のみの小規模企業であれば，自分たちの給与を下げれば社会保険料負担は減ります。

　しかし，健康保険・厚生年金保険に加入すべき勤務条件で働いている従業員がいる場合は，社会保険料が払えないからといって会社都合で一方的に給与を下げるわけにはいきません。

　社会保険料を納付期限（翌月末日）までに納付しなかった場合は，電話督励・呼出しによる納付督励・臨場による納付指導が実施されます。

　これらにより速やかに納付できればよいですが，社会保険料は毎月毎月負担すべきものですので，いったん滞納してしまうと，毎月の保険料だけでなく滞納分の保険料も払わなければならなくなり，経営を圧迫します。

　従業員が多い場合の法人化に際しては，会社負担分社会保険料のシミュレーションが特に重要となります。

【参考データ】
・2019年度末の滞納事業所数は142,139事業所
（適用事業所に占める滞納事業所の割合は5.8％）
・2019年度の差し押さえ事業所数は33,142事業所
（出典）令和元年度業務実績報告書　日本年金機構

よくある失敗2：年金が支給停止されることを想定していなかった

65歳までの特別支給の老齢厚生年金や65歳からの老齢厚生年金をもらえる人が，厚生年金保険の被保険者や70歳以上被用者として働いている間は，年金と役員給与との間で調整が行われます（「在職老齢年金制度」については201ページ参照）。

このような制度があることを知らずに，年金受給世代の個人事業主・フリーランスが個人事業の全部を法人化してしまうケースもみられます。

年金と役員給与の両方を受けながら暮らすつもりが，年金額・役員給与設定によっては年金が支給停止（カット）されてしまいかねません。

働きながら年金を全額受給したい場合は，各人の年金額に応じて，年金を支給停止されないような役員給与設定とする必要があります。

そのほか，役員給与を0円としたり，法人を解散して個人事業主・フリーランスに戻ったりしても，もちろん年金は支給停止とならずに全額もらえます。

しかし，安易に事業の全部を法人化する前に「個人事業＋ミニマム法人」形態を検討してみることも重要です。

「個人事業＋ミニマム法人」では，（特に法人設立直後は）法人から受ける役員給与月額が低額となることが想定されますので，年金受給世代の個人事業主・フリーランスが法人化を検討する場合も有効な手法です。

年金支給開始年齢が近い場合は，法人を設立してしまってから思惑違いとならないように注意しましょう。

「法人＋法人」だと，社会保険料節減効果は生じない

なお，「個人事業＋法人」ではなく，学習塾事業を行う法人と小売店

事業を行う法人のように，複数の法人を設立して各法人において代表者・役員として経営に従事し，各法人から報酬・賞与を受ける場合（「法人＋法人」）は，どちらか片方の法人から受ける報酬・賞与のみをもとに負担すべき健康保険料（介護保険料を含みます），厚生年金保険料，子ども・子育て拠出金が決定されるわけではありません。

　健康保険料・厚生年金保険料等は，各法人から受ける報酬月額の合算額・賞与額の合算額をもとに算出された標準報酬月額・標準賞与額に保険料率を掛けて決定されます。

　例えば，各法人から受ける報酬月額の合算額が10万円，9万円，6万円であれば，各々の法人が納付すべき保険料を合計した額は，61ページの【事例】①，②，③と同額となります。

　ですから，報酬・賞与を複数の法人から受ける形に分散することは，節税等のメリットにはつながったとしても，健康保険料・厚生年金保険料等の節減にはつながらないのが原則です。
　いずれかの法人において健康保険・厚生年金保険に加入しなくてもよい働き方をしている場合のみ，例外的に，その法人から受ける報酬・賞与額を除いて健康保険料・厚生年金保険料が決定されます。

　複数の法人において法人の代表者・役員として経営に従事し，複数の法人から役員給与を受ける場合は，各法人が健康保険・厚生年金保険の加入手続きを行う必要があります。
　そして，各法人から受ける報酬月額・賞与額の割合に応じて各法人が納付すべき健康保険料・厚生年金保険料等が決まります（被保険者本人は「被保険者所属選択・二以上事業所勤務届」において選択事業所・非選択事業所の名称や各事業所における報酬月額等を届け出る必要があります）。

「法人＋法人」でもらってはいけない年金を受給している事例も多い

　法人の代表者・役員として経営に従事し役員給与を受けている人が年金支給開始年齢を迎える頃，在職老齢年金制度によって年金の一部または全部が支給停止となることを知ったとき，年金支給停止を逃れようとして別法人を設立することを検討する人もいます。

　例えば，203ページの事例で考えてみましょう。

　65歳以上で老齢厚生年金（報酬比例部分）の年金額が120万円（基本月額10万円）で，役員給与月額47万円・その月以前の１年間に賞与なし（総報酬月額相当額47万円）の人の場合，老齢厚生年金（報酬比例部分）は半額が支給停止です。

　この事例で，役員給与月額を36万円に引き下げて，別法人から法人代表者等として役員給与月額11万円を受けるとします（どちらの法人からも賞与なし）。

　この場合，役員給与月額を引き下げた月から数えて４か月目から総報酬月額相当額が36万円に下がり，老齢厚生年金（報酬比例部分）は全額もらえると思う人がいますが，これは誤りです。

　複数の法人から厚生年金保険の被保険者（または70歳以上被用者）として報酬・賞与を受ける場合は，各法人から受ける報酬月額の合算額を基に標準報酬月額が決定され，各法人から受ける賞与額の合算額をもとにその月の標準賞与額が決定されることとなっています。

　そのようにして決定された標準報酬月額・標準賞与額に基づいて総報酬月額相当額が算定されます。

　つまり，複数の法人から役員給与を受ける形に変更したとしても，この事例の場合，総報酬月額相当額は47万円（36万円＋11万円）のままで

す。したがって，老齢厚生年金（報酬比例部分）は半額支給停止のまま
です。

届出漏れにより社会保険料を追徴されたり，もらった年金を返す必要も生じる

　別法人が行うべき「被保険者資格取得届」や被保険者本人が行うべき
「被保険者所属選択・二以上事業所勤務届」が漏れていたことが，年金
事務所の調査等で判明した場合は，是正すべきこととなります。

　その結果，未納分の社会保険料を追徴されたり，受給済みの年金を返
還すべきこととなるケースもありますので，当初から必要な届出を漏ら
さないように注意しましょう。

　日本年金機構では，2015年度から国税庁が所有する源泉徴収義務者情
報も活用して加入勧奨・加入指導等が行われてきた結果，未適用事業所
数は減少しています。

　そのほか，関係機関等からの情報提供に基づいた加入指導等も行われ
ています。

　さらに，2020年改正法により2020年 6 月から，厚生年金保険・健康保
険の未適用事業所であるものの適用事業所である蓋然性が高いと認めら
れる事業所に対しても，法的権限に基づく立入検査等が行えることとな
りました。

　日本年金機構の年度計画によると，2020年度からの 4 年間で集中的に
加入指導等が行われる予定です。

　法人から報酬を受けている代表者等がいるのに厚生年金保険・健康保
険の加入手続きを行わないという違法な選択肢を採ることがないようご
注意ください。

> 💰 個人事業主・フリーランスと法人代表者・役員の
> 年金・医療保険の今後

公平の観点からは，個人事業主・フリーランスとして起業するか法人代表者・役員として起業するかによって加入する年金・医療保険制度が異なる現状は，望ましいものとはいえないかもしれません。

これまでにも，「働き方の多様化を踏まえた社会保険の対応に関する懇談会」における「被用者保険（厚生年金保険・健康保険のことです）の適用事業所の範囲」に関する議論で，個人の事業所が適用事業所となる場合にも，個人事業主本人は被用者保険の被保険者資格を得ることができない点について対応を検討すべき，との意見が出されていました（241ページ参照）。

個人事業主・フリーランス本人も厚生年金保険・健康保険に加入できるようにする制度改正について，将来議論・検討が行われる可能性はあります。

しかし，これまでお伝えしたとおり，**現行の制度のままであっても，「個人事業＋ミニマム法人」化によって，厚生年金保険・健康保険に加入でき，負担をできるだけ増やさないで給付を増やすことができるようになります。**

巻末資料

1 被用者保険の適用事業所の範囲の見直し

【現行制度】

○ 法人事業所の場合，業種や従業員規模にかかわらず被用者保険の適用事業所となる（強制適用事業所）。

○ 個人事業所の場合には，強制適用事業所の範囲は，法定された16の業種のいずれかに該当し，常時5人以上の従業員を使用するものに限られている。法定16業種以外の非適用業種または従業員数5人未満の個人事業所は，適用事業所となることについて労使合意があった場合（任意包括適用事業所）を除き，非適用となっている。

○ 適用事業所の範囲については，昭和60年（1985年）改正で法人が強制適用となって以来変更がない。また，限定列挙されている16の適用業種については，昭和28年（1953年）改正以来変更がない。

【見直しの意義】

○ 適用事業所の範囲は，勤務先にかかわらず被用者にふさわしい保障を確保する方向で見直す必要がある。

○ 法定16業種については，相当期間変更されていないが，その間新たに出現した業種はできるだけ解釈によって16業種に含めるなど（例：IT関係は「通信又は報道の事業」として適用），時勢への対応も一定程度図られてきた。

○ また，昭和60年（1985年）改正で法人が強制適用となり，さらに会社法改正等により法人設立が制度上容易となったことで，ある程度の規模及び事務処理能力を有する事業所は，法人として適用を受ける蓋然性が高くなっている。

○ こうした状況も念頭に置きつつ，なお残る非適用業種については，「働き方の多様化を踏まえた社会保険の対応に関する懇談会」のとりまとめも踏まえ，過去の経緯と現況を個別に勘案し，見直しの必要性を検討する。

【見直しの方向】

・ 非適用業種のうち，法律・会計に係る行政手続等を扱う業種（いわゆる「士業」）については，被用者保険適用に係る事務処理能力が期待できる上，

① 全事業所に占める個人事業所の割合が高いこと，特に，常用雇用者数5人以上の個人事業所の割合が他の業種に比して高いことから，被用者として働きながら非適用となっている方が多いと見込まれる

② 制度上，法人化に一定の制約条件があるか，そもそも法人化が不可能であることから，他の業種であれば大宗が法人化しているような規模でも個人事業所に留まっている割合が高く，被用者保険制度上で個別に対応を図る必要性が高い

といった要素を考慮し，適用業種とすることを検討。

・ 具体的には，制度上，法人化に一定の制約条件があるか，そもそも法人化が不可能な業種として，

　弁護士・司法書士・行政書士・土地家屋調査士・公認会計士・税理士・社会保険労務士・弁理士・公証人・海事代理士を適用業種とすることを検討。

（出所）第14回社会保障審議会年金部会　資料1　厚生労働省年金局（2019年11月13日）

2 「働き方の多様化を踏まえた社会保険の対応に関する懇談会」とりまとめ（2019.9.20）

※「被用者保険の適用事業所の範囲」に関する部分抜粋

「懇談会」における議論

- 現行要件は制定後相当程度の時間が経過しており，非適用事業所に勤務するフルタイム従業員のことも斟酌すれば，労働者の保護や老後保障の観点から，現代に合った合理的な形に見直す必要があるとの意見があった。
- 従業員数5人以上の個人事業所は，業種ごとの状況を踏まえつつ原則強制適用とすべきではないかとの意見があった。特に，いわゆる士業等が非適用となっていることの合理性に関しては疑問視する意見があった。
- 見直しに際しての留意点として，強制適用とした場合の経営への影響について精緻な議論をすべきとの意見があった。
- 国民健康保険（市町村・国民健康保険組合）の財政に対する影響を勘案し，全体が納得できる制度としての方向性を図っていくことも必要との指摘があった。
- 非適用業種には小規模事業者も多く，事務負担や保険料負担が過重となる恐れがあるため，被用者の保障確保の観点とのバランスを考えても，現行の任意包括適用制度の活用を促進すれば足るのではないかとの意見があった。
- 制度上適用要件を満たしているにもかかわらず実際には未適用となっている，いわゆる未適用事業所の問題に関して，引き続き日本年金機構における適用促進の取組を徹底していくべきとの意見があった。
- 個人の事業所が適用事業所となる場合にも，個人事業主本人は被保険者資格を得ることができない点について対応を検討すべきとの意見があった。

「懇談会」とりまとめにおける今後の検討の方向性

- 適用事業所の範囲については，本来，事業形態，業種，従業員数などにかかわらず被用者にふさわしい保障を確保するのが基本であるとの考え方が示された。その上で，非適用とされた制度創設時の考え方と現状，各業種それぞれの経営・雇用環境などを個別に踏まえつつ見直しを検討すべきとの認識が共有された。
- 関連して，個人事業主本人に対する保障のあり方，未適用事業所に対する日本年金機構における対応の継続，被保険者の移動による国民健康保険の財政への影響についても指摘された。

（出所）第14回社会保障審議会年金部会 資料1 厚生労働省年金局（2019年11月13日）

3 士業の法人化について

- ・ 士業の法人割合が高くない要因としては，法人化に際して制度上一定の制約条件があるか，法人化がそもそも制度上不可能であることが関係している可能性がある。
- ・ そのような特性を持つ業種を見ると，全て法律・会計に係る行政手続等を扱う業種であり，一般的に，被用者保険適用に係る事務処理能力が期待できるといえる。

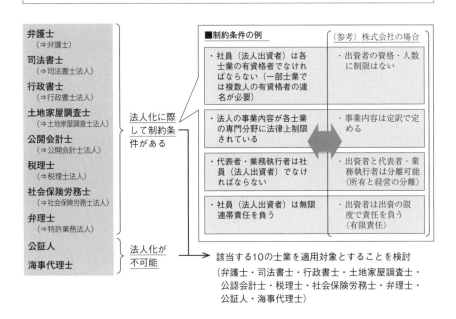

（出所）第14回社会保障審議会年金部会　資料1　厚生労働省年金局（2019年11月13日）

4 被用者保険の適用事業所について（2022年9月30日まで）

- 常時1名以上使用される者がいる，法人事業所（A）…強制適用
- 常時5名以上使用される者がいる，法定16業種に該当する個人の事業所（B）…強制適用
- 上記以外（C）…強制適用外（労使合意により任意に適用事業所となることは可能＝任意包括適用）

	法人	個人事業主	
		常時5人以上の者を使用する事業所	5人未満の事業所
法廷16業種（※）	強制適用事業所 (A)	(B)	
上記以外の業種（非適用業種） 例：第一次産業（農林水産業等） 接客娯楽業（旅館，飲食店等） 法務業（弁護士，税理士等） 宗教業（寺院，神社等） サービス業（飲食店・理美容店）			(C) 任意包括適用

強制適用事業所 … 約227万事業所

任意包括適用事業所 … 約9万事業所

注：適用事業所数は，2019年5月現在

※健康保険法3条3項1号及び厚生年金保険法6条1項1号に規定する以下の業種。

① 物の製造，加工，選別，包装，修理又は解体の事業
② 土木，建築その他工作物の建設，改造，保存，修理，変更，破壊，解体又はその準備の事業
③ 鉱物の採掘又は採取の事業
④ 電気又は動力の発生，伝導又は供給の事業
⑤ 貨物又は旅客の運送の事業
⑥ 貨物積みおろしの事業
⑦ 償却，清掃又はと殺の事業
⑧ 物の販売又は配給の事業
⑨ 金融又は保険の事業
⑩ 物の保管又は賃貸の事業
⑪ 媒介周旋の事業
⑫ 集金，案内又は公告の事業
⑬ 教育，研究又は調査の事業
⑭ 疾病の治療，助産その他医療の事業
⑮ 通信又は報道の事業
⑯ 社会福祉法に定める社会福祉事業及び更生保護事業法に定める更生保護事業

（出所）第14回社会保障審議会年金部会 資料1 厚生労働省年金局（2019年11月13日）

5　適用業種・非適用業種の分類（2022年 9 月30日まで）

日本標準産業分類（大分類）	適用業種・非適用業種（個人事業主である場合）の区分
農業，林業	非適用業種
漁業	非適用業種
鉱業，採石業，砂利採取業	適用業種
建設業	適用業種
製造業	適用業種
電気・ガス・熱供給・水道業	適用業種
情報通信業	適用業種
運輸業，郵便業	適用業種
卸売業，小売業	適用業種
金融業，保険業	適用業種
不動産，物品賃貸業	適用業種
学術研究，専門・技術サービス	学術研究業，広告業は適用業種 専門サービス業のうち，興信所は適用業種。士業（法律事務所，特許事務所，公認会計事務所等），デザイン業，経営コンサルタント業等は非適用業種。 技術サービス業のうち，獣医業，土木建築サービス業等は適用業種。写真業は非適用業種。
宿泊業，飲食サービス業	非適用業種
生活関連サービス業，娯楽業	生活関連サービス業のうち，旅行業，火葬・墓地管理業は適用業種。洗濯・理容・美容・浴場業は非適用業種。 娯楽業（映画館，スポーツ施設提供業等）は，非適用業種。
教育，学習支援業	適用業種（各種学校，図書館，動物園，学習塾等）
医療，福祉	適用業種（病院，助産所，社会福祉事業団体，介護施設等）
複合サービス事業	適用業種（郵便局，協同組合）
他に分類されないサービス業	廃棄物処理，自動車整備，と畜場等は適用業種。 警備業，政治・経済・文化団体，宗教等は非適用業種。

※日本標準産業分類における分類に厚生年金保険法の適用業種の一般的な分類をあてはめたものであるが，実際の適用については個別の事業所の実態を判断し適用することとなるため，上記の区分と一致しない場合がある。
※「学術研究，専門・技術サービス」「生活関連サービス業，娯楽業」「他に分類されないサービス業」については大分類で区別できないため，日本標準産業分類の中分類，小分類又は細分類における分類で区別している。

（出所）第 14 回社会保障審議会年金部会　資料 1　厚生労働省年金局（2019 年 11 月 13 日）

6　被用者保険の強制適用事業所の変遷

【健康保険】　　　　　　　　　　　　　　　　　　　【厚生年金保険】

大正11年制度創設時
強制適用対象：工場法・鉱業法の適用を受ける事業所
任意包括対象：①物の製造，②土木・建設，③鉱物採掘，④電気，⑤運送，⑥貨物積卸

昭和9年改正
強制適用対象：①物の製造，③鉱物採掘，④電気，⑤運送（陸送のみ）のうち，常時5人以上使用する事業所を追加。（②土木・建設，⑥貨物積卸は任意包括対象のまま）

※主として中小企業における事業主の保険料の負担能力の点を考慮して10人以上使用の事業所に限定し，女子についてはその勤続期間が短いことから強制被保険者の対象から除くこととされた。

昭和16年改正
強制適用対象：⑤運送（航空機），⑥貨物積卸，⑦焼却・清掃を追加（常時5人以上）
（②土木・建設は任意包括対象のまま）

昭和17年制度創設時（労働者年金保険）
原則として，健康保険の強制被保険者が被保険者。ただし，常時10人未満の事業所，女子等は適用除外とされていた。

昭和17年改正
強制適用対象：職員健康保険法の対象（⑧物の販売，⑨金融・保険，⑩保管・賃貸，⑪媒介周旋，⑫集金），常時5人以上使用する法人（業種は問わない）を追加。
任意包括対象：業種の限定を撤廃。（健康保険のみ）

昭和19年改正（厚生年金保険法）
強制適用対象として，常時5人以上を使用する事業所，女子を追加し，任意包括の制度も設け，健康保険法と同じ枠組みとなった。

昭和28年改正
強制適用対象：②土木等，⑬教育・研究，⑭医療，⑮通信・報道，⑯社会福祉を追加（常時5人以上）

昭和44年改正
附則で，「政府は，常時5人以上の従業員を使用しないことにより厚生年金保険の適用事業所とされていない事業所について，他の社会保険制度との関連も考慮しつつ，適用事業所とするための効率的方策を調査研究し，その結果に基づいて，すみやかに，必要な措置を講ずる」旨規定。

※社会保障制度審議会からは，60年改正にあたり「基礎年金の導入に伴い，5人以上の事業所等の被用者との不均衡が拡大する」ことから，「この問題（5人未満事業所）の解決に着手する」ことが強く求められていた。その上で，対象を「法人」に限った理由としては，雇用実態の把握が比較的容易であること，事業所の事務処理能力が一定程度期待できること，公簿により事業所の成立等が確認できることが挙げられている。

昭和59年改正（健保），昭和60年改正（厚年）
5人未満事業者のうち，「法人」の事業所を強制適用対象に。

（出所）第14回社会保障審議会年金部会　資料1　厚生労働省年金局（2019年11月13日）

おわりに～どんな会社を作れるか，イメージしてみよう！

　あなたはどんな分野・どんな業種のミニマム法人を作れるか，本業以外に持っている知識・経験を棚卸ししてみましょう！

　以上，個人事業か法人かの二択以外に，「個人事業＋ミニマム法人」という第三の選択肢もあることをお伝えしました。

　そのような選択肢があることを初めて知った方は，今後の事業展開を考える上で少し視野が広がったのではないでしょうか。

　今すぐはミニマム法人を立ち上げることができそうにない人でも，そのような選択肢もあることを知っておくと，いつか役に立つときが来るかもしれません。

・既存のお客様に，まったく別のサービスを提供することはできないか？
・自分では苦も無くできる得意なことで，お客様から本業以外でよく頼まれることはないか？
・本業ではないものの，お金を払ってもいいから教えてほしいとよく頼まれることはないか？
・本業ではないものの，休みの日や仕事が終わった後など，時間さえあれば何時間でも没頭できるようなことで，誰かの役に立つことはないか？
・本業以外の自分の経験・知識を欲しがっている人がインターネット上で見つからないか？

　このようなことをいろいろ考えてみると，ミニマム法人活用を検討したいと思うようになる日は意外に早く訪れるかもしれません。

　最初は，隙間時間を活用して本業以外の得意で好きなことを始め，焦らず，楽しみながらやってみる感じでもよいのです。

　まずは，ご自分の経験・知識で解決できる悩みを見つけたら，解決方法を分かりやすく解説した資料をインターネット上で販売してみてもよいでしょう。

　セミナーレジュメを作ってオンライン上等でセミナーを行ったり，個別コンサルティングメニューを作ってインターネット上で公開することもできるでしょう。

　うまくいけば，新しく始めた事業がお客様に喜ばれ，結果として「フリーランスとしての不安・悩み」の第1位である，「収入の不安定さ」も解消できてしまうかもしれません。

　この本でお伝えした内容が，年金・社会保険に関するお悩み解決，事業の発展のお役に立てば幸いです。

　本書で解説した「個人事業＋ミニマム法人」化や，年金・医療保険，退職金・老後資金積立・事業承継などに関するお役立ち情報や法改正情報を，個人事業主・フリーランス向けメールマガジンでお伝えします。ご登録はこちら。

　https://www.syakaihoken.jp/202008

　社労士・FP・税理士等向け「ミニマム法人活用講座」の開催予定は，下記にてご案内します。

　https://shachou-nenkin.org/

《著者紹介》

奥野　文夫（おくの　ふみお）

奥野社会保険労務士事務所・FP奥野文夫事務所所長。一般社団法人社長の年金コンサルタント協会代表理事。京都中小企業互助協会理事長。

社会保険労務士・ファイナンシャルプランナーとして開業22年超の実務経験を活かし，業界団体等主催の経営者向けセミナー講師やコンサルティングを行っている。

毎月100件以上の相談対応を行う中，年金・社会保険に関する情報不足・誤解が原因で残念な思いをしている経営者が多いことに驚く。

「もっと早くに知っていたら」と後悔する人を1人でも減らすため，セミナー等での情報提供や，事業計画・ライフプランを踏まえたコンサルティングを行っている。

「収益の向上に役立っています」等喜びの声多数。

著書に『社長の年金　よくある勘違いから学ぶ在職老齢年金』（日本法令），『［社長の裏技］年金をもらって会社にお金を残す』（ぱる出版），『60歳からの働き方で，もらえる年金がこんなに変わる』，『社長，あなたの年金，大損してますよ！』（WAVE出版），『現役社長・役員の年金』（経営書院）などがある。

「納税通信」，「ビジネスガイド」，「SR」等新聞・雑誌への記事執筆多数。「週刊朝日」，「週刊現代」，「週刊女性」等からの取材多数。

2018年4月より「保険毎日新聞」にて経営者の年金について連載執筆中。

個人事業＋ミニマム法人で
フリーランスの年金・医療保険が充実！（第2版）
可処分所得の増加も実現できる

2020年10月15日　第1版第1刷発行	著　者　奥　野　文　夫
2022年2月10日　第2版第1刷発行	発行者　山　本　　継

発行所　㈱中央経済社
発売元　㈱中央経済グループパブリッシング

〒101-0051　東京都千代田区神田神保町1-31-2
電話　03（3293）3371（編集代表）
03（3293）3381（営業代表）
https://www.chuokeizai.co.jp
印刷／文唱堂印刷㈱
製本／㈲井上製本所

©2022
Printed in Japan

＊頁の「欠落」や「順序違い」などがありましたらお取り替えいたしますので発売元までご送付ください。（送料小社負担）
ISBN978-4-502-41631-6 C3034

JCOPY〈出版者著作権管理機構委託出版物〉本書を無断で複写複製（コピー）することは，著作権法上の例外を除き，禁じられています。本書をコピーされる場合は事前に出版者著作権管理機構（JCOPY）の許諾を受けてください。
JCOPY〈https://www.jcopy.or.jp　eメール：info@jcopy.or.jp　電話：03-3513-6969〉